# 불교의 사유체계와
# 인공지능 베이즈 이론을 살펴본다

## - 경영철학적 의미와 함께 -

e초 · LeeKong  지음

# 불교의 사유체계와
# 인공지능 베이즈 이론을 살펴본다

### - 경영철학적 의미와 함께 -

e초 · LeeKong 지음

맑은소리
맑은나라

저자의 말

이 책은 불교의 프로토콜, 즉 원융중도로 귀결되는 불교의 사유체계가 인공지능의 작동원리인 베이즈 이론 및 21세기 글로컬 기업의 경영철학과 연결되어 있음을 분석하는 과정을 통해 불교 원융중도의 프로토콜에 잠재된 가치를 드러내고 그 지평을 확대하고자 했다.

불교의 중도사유의 진리 체계는 인간의 사고체계를 관장하는 뉴런 세포로 구성된 뇌 신경세포에도 깊숙이 각인되어 있어, 인류의 지나온 역사와 현대는 물론이고, 미래에도 여전히 존재할 것이다. 이에 인간의 인지체계를 연구하는 뇌과학의 핵심 원리 내에서도 불교의 중도사유의 생각들이 있을 것으로 추론할 수 있다.

이러한 인식하에, 이 책은 불교의 사유체계가 지니는 현대적 의미를 두 가지 관점에서 새롭게 제시한다.

하나는 인공지능 작동원리의 근간을 이루는 확률통계적 추론방식인 베이즈 이론이며, 다른 하나는 21세기 글로컬 기업의 경영철학적 관점이다. 우선 현대 뇌과학의 핵심 원리를 설명하는 베이즈 이론과 불교의 핵심원리인 12연기 · 삼법인 · 사성제 · 팔정도로부터 무자성 · 공, 즉비논리, 그리고 중도사유와의 상즉성을 밝힘으로써, 불교의 사유체계가 함의하고 있는 현대적 · 과학적 가치를 새롭게 제시하였으며, 이어서 베이즈 이론의 원리와 선종의 공안이 상즉하고 있음을 다시 한번 드러냄으로써 불교의 프로토콜로서의 중도의 사유체계가 21세기 글로컬 기업의 경영철학적 관점과 어떻게 연관되는지 궁구해 보고자 하였다. 이는 불교 프로토콜로서의 원융중도가 갖는 현대적 지평을 새롭게 확장하고, 심화시키는 하나의 계기가 될 것으로 기대한다.

이를 위한 방법으로서, 첫째, 차원조우 개념에 의거하여 정보 비대칭과 케인즈적 사실이 주는 의미를 설명하였다. 즉 케인즈적 사실[혼란·무질서, 새로운 정보·자극, 번뇌·혹]이 필연적으로 발생하는데 이러한 케인즈적 비대칭 정보는 버려야 할 폐기물이 아니라 문제를 해결하는 새로운 실마리로서 재해석되어 포섭해야 할 대상이다.

둘째, 인공지능(AI)의 학습방식에 내재한 알고리즘의 특징을 서술하고, 그 이면에서 작동하고 있는 메카니즘인 '사전확률-추가사건-사후확률'로 구성되는 베이즈 이론이 불교적으로 해석이 가능함을 제시했다.

셋째, 불교의 인문과학적 프로토콜, 즉 불교의 사유체계가 베이스 이론과 융통함을 단계적으로 밝혔다.

특히, 초기불교의 삼법인, 12연기의 무명에서 비롯되는 고苦와 이를 극복하는 수행체계로서의 사성제, 그리고 팔정도로 이어지는 핵심적 사유체계가 베이즈 이론의 메카니즘과 상즉하는 특성을 지니고 있음을 밝혔고, 또한 『반야경』의 공, 『유마경』의 즉卽, 용수의 『중론』, 천태지의의 원융삼제, 『법화경』의 제법실상 등의 경전의 중도적 사유체계가 베이즈 이론과 상즉함을 밝혔다.

그리고 선종 공안을 작동시키는 불립문자 · 언어도단 · 심행처멸의 원리도 마찬가지로 베이즈 이론과 연결되며, 이러한 과정을 거쳐, 자연스럽게 중도적 사유체계는 베이즈 이론, 인공지능 알고리즘, 그리고 뇌의 커넥톰과 본래 근원적으로 동일한 버전이었음을 제시하였다. 이를 바탕으로 중도적 사고는 글로컬 기업의 경영철학적 관점에서 보면 새로운 가치를 창출하는 관계의 원리를 미리 읽어내는 감지시스템이라고 할 수 있다는 점에서 치열한 경쟁하에서 적자생존의 돌파구를 찾아가는 글로컬 기업의 경영전략과 맞닿아 있음을 확인할 수 있었다.

이 책의 주요한 특징을 요약하면 아래와 같다.

첫째, 사성제의 고 · 집 · 멸 · 도는 베이즈 이론의 사전확률분포함수를 사후확률분포함수로 만드는 과정과 동일하게 고苦를 발생시키는 원인을 찾아내어 반영하고 변화를 도모하는 일종의 번뇌축출시스템으로 볼 수 있다.

둘째, 공사상과 즉비논리를 통해서는 중생의 고착된 사고체계를 케인즈적 사건과 맞닥뜨리게 함으로써, 무량한 가유의 세계가 바로 실상實相임을 깨닫게 한다.

셋째, 베이즈 이론의 작동원리가 『중론』의 공ㆍ가ㆍ중 삼제게 및 『마하지관』의 생멸ㆍ무생ㆍ무량ㆍ무작의 사종사제, 그리고 『천태소지관』의 종가입공관ㆍ종공입가관ㆍ중도정관으로 선해됨을 밝힌다.

넷째, 베이즈 이론과 선종의 사고의 틀과는 상즉한다. 청원유신의 산수론, 조주구자 공안 등을 근거로 이를 보인다.

다섯째, 원융중도와 현대 글로컬 기업의 경영철학 및 경영전략의 관점이 서로 상즉하고 있으며, 이를 정주영공법이라고 알려진 아산만 방조제 공사의 사례를 들어 확인한다.

이제 이 책에서 말한 케인즈적 사실이라는 어구가 주는 함의가 명약관화해졌다. 케인즈가 "사실이 바뀌면 의견을 바꾸라"라고 말한 이유는 변화를 변화로 수용할 수 있는 무소주無所住의 내부시스템을 적극적으로 구축하라는 의미이다. 드러나는 현상에 매몰되지 말고, 그 현상을 규정짓고 있는 순간의 맥락 및 관계, 즉 인연조건에 집중하라는 가르침이다. 그것이 불교의 12연기 · 삼법인 · 사성제 · 팔정도 및 무자성 · 공, 그리고 즉비논리, 원융중도, 그리고 선종의 공안에서 드러났으며, 인공지능의 베이즈 이론으로, 그리고 글로컬 기업의 경영전략으로 확인된다.

불교 프로토콜과 베이즈이론은 서로 다른 공간에서, 서로 다른 시간에 인간의 사유체계의 궁극을 탐색해 왔으며, 근본에 있어서 서로 다르지 않다.

따라서 지금까지의 중도적 사고의 경영전략적 운용에 관한 이 책의 논지는 중도적 사유체계가 고금을 아우르는 인문과학적 프로토콜로서 자리매김하는 것과 더불어 불교의 가치가 재인식되는 계기가 될 것이라 기대한다. 그것이 불교경전에 내재된 법상法相의 사유체계가 새로운 생명력으로 재평가되고 가치의 지평이 확장되는 출발점이기도 하기 때문이다.


장박사와 Doctor Lee가 함께하였다.


여시아현如是我顯의 광화문에서

e초 · LeeKong

# 추천사

우리는 어디서 와서 어디로 가는가? 우주 내 모든 사물은 예외 없이 존재의 춤을 추고 있다. 분리의 관점에서 보면 그 모양이 다 제각각인 것처럼 여겨진다. 하지만 여기서 조금 벗어나거나 혹은 아예 더 깊이 들어가서 바라보게 되면, 모든 존재는 그때그때 자기적절성을 찾아나가고 있다고 말할 수 있다. 이를테면 그때그때 다르면서 또 같은 시중時中의 지향이다. 그렇다면 삼라만상의 우주는 개체로서는 제각각인 것 같아보여도, 결국은 내적으로 또 총체적으로는 자기적절성이라는 존재의 춤의 총체적 마당인 셈이다.

본서는 세계내 존재들의 자기지향성에 대하여, 불교와 인공지능 및 경영학과 연결해 인문융합적으로 새롭게 풀어내고 있다. 본서의 연구소研究素가 되는 핵심 개념들은 이렇다. 불교 나가르주나(용수) 중론, 확률통계학의 베이즈 추론, 인공지능 및 뇌과학과 불교사유의 상관적 해석, 21세기 기업의 자율피드백의 경영전략이다. 그리고 그 안에 무자성, 공, 즉비卽非의 논리, AI, 외부 사건과 주체의 사전·사후 확률적 적중화 과정, 원융중도와 시중時中의 개념들이 논구되고 있다.

이 책은 그간 현상계에 사로잡히거나 혹은 추상세계만을 바라봤던 우리들에게 전혀 새로운 해석학적 지평 확장을 보여주고 있다는 점에서 인문융합의 새로운 이정을 제시하고 있다. 저자의 학문이력을 학사·석사·박사 순으로 보면, 경영학, 통계학, 그리고 불교학으로 이어진다. 더욱이 삼성경제연구원과 직접 기업을 경영한 경력까지 포함하면 실무와 연구 두 방면을 모두 섭렵한 분이다. 덕분에 우리는 이 책을 통해 현실과 이론의 최적화라고 하는 새롭게 피어난 아름다운 꽃을 감상할 수 있다.

필자와 저자의 조우는 인문기반 융합연구의 새로운 확장을 위해 필자가 창립한 한국동아시아과학철학회 세미나로부터 시작되었으며, 필자의 대학원 강의에서는 서로 제시한 새 관점들을 함께 즐거워한 적도 많았다. 우리 두 사람의 출발점은 중문학과 경영학으로서 상당히 달랐지만, 자기의 틀을 벗어나 새롭게 나아가는 융합이라는 같은 지향 속에서 각자 최적화의 길을 걸어 나가는 학문의 동지가 된 셈이다. 이 책을 통하여 나누어지고 괴리된 학문이 아닌, 현실 삶에 기초한 연결과 융합의 해석학적 즐거움을 함께 누리시면 좋겠다.

한국동아시아과학철학회 회장 오태석

고전은 항상 시대에 맞게 새롭게 해석되기 때문에 가치를 가지며 그래서 '고전'이라고 불린다. 부처님의 말씀을 담고 있는 불경 역시 지난 2600여 년 동안 시대에 맞게 항상 새롭게 해석이 되어 왔기 때문에 지금까지도 변하지 않는 가치를 가진 고전이 된다. 이 책은 불교 사상에 대해 지금껏 그 누구도 시도해 보지 못했던 담대한 해석이다. 새로운 관측값이 발견되면 사후확률을 끊임없이 변화시켜 나아가는 현대의 베이즈 추론모델을 불교의 핵심적 세계관과 접목시켰다. 예를 들어 저자는 사성제의 고.집.멸.도 변화과정을 베이즈 추론의 '사전확률분포-〉새로운 관측값-〉사후확률분포'로 등치 시키고 있고 이러한 등치관계가 반야경의 '공空', 금강경의 즉비卽非, 유마경의 '즉卽', 용수의 '『중론中論』', 천태지의의 원융삼제圓融三諦', 법화경의 '제법실상諸法實相' 등 불교 사상의 핵심적 원리들에 모두 성립함을 논증하고 있다. 저자의 독창적 불교해석과 그에 대한 치밀한 지적 논증이 이 책의 전반에 걸쳐 두드러지게 나타나고 있고, 한 장 한 장 읽어 나갈수록 저자의 창의적 지적 여행에 동참하는 즐거움을 느낄 수 있다. 실로 21세기에 걸맞은, 현대적 해석의 씨앗을 뿌린 셈이고 앞으로 불교가 21세기 과학기술 시대에 어떻게 해석되어야 하는 가에 대한 새로운 통찰을 제시하고 있다. 그러한 통찰 때문에 불교 사상이 현대에도 여전히 유효한 것임을 깨닫게 해준다. 이미 부처님의 말씀에 귀의한 사부대중은 물론이고 불교에 관심있는, 다양한 배경의 현대인들에 일독을 권한다.

이정우

경영/IT 컨설팅, 금융, 스타트업
글로벌 비즈니스 전문가.
현 AI 스타트업 IFE Analytics CEO.
서울대 철학, 동 대학원 인지과학 석사 수료,
KAIST MBA, 미 컬럼비아 대학교 석사 (국제금융/경제)

# CONTENTS

# 첫 번째 강의

# 중도사유의 현대적 가치 재발견

# 01
## 왜 관심을 가지게 되었는가

  왜, 관심을 가지게 되었는가? 고대의 항해자들은 망망대해를 떠다니면서도 별자리를 관측하여 자신의 현재 위치를 확인할 필요가 있었다. 제대로 항해하고 있는지를 알 수 있기 때문이며, 이는 앞으로 기항지까지 남아있는 거리에 따라 식량, 물 등의 생존과 직결된 문제가 걸려있기 때문이기도 하다.

  하늘의 별자리가 배의 위치와 바다 위의 항로를 안내하는 지도와 동일한 역할을 할 것이라는 판단을 기초로 했을 것이다. 이는 호모 사피엔스인 인간이 생존을 확보하기 위해 터득한 생존전략의 하나라고 할 수 있는데 바로 별자리를 고정불변의 진리와 동일시하는 습성의 결과일 수 있다. 고정불변의 속성을 지닌 것으로 굳게 믿어, 밤하늘의 별자리를 위대한 진리로 숭상하고, 이에 근거하여 현상세계를 조율·통제하는 인간의 습관화된 행동 방식이 작용하고 있는 것이라 해도 지나친 말이 아니다.

  북극성이 하나의 사례이다. 북극성처럼 늘 자신의 위치를 확인해

주는 길잡이가 필요했기에 인간은 '불변의 실체'를 가진 존재를 우러러보며 숭상하는 것은 물론이고, 시시각각 변화하는 것은 원칙이 없는 무가치한 것으로 저평가하는 버릇을 지니게 되었다. 항성恒星이 필요했기에 북극성, 북두칠성, 견우직녀성, 남십자성南十字星을 찾아내 불변이라는 본질을 씌웠고, 이를 활용해왔던 것이라 할 수 있다.

잘 알려진 바와 같이, 우주는 빅뱅이후 팽창하면서 늘 변하기에 제자리에 있는 것은 없다.

그런 면에서 불교는 멈춰 있기를 희망하지도 않았고, 멈춰있는 것에 집착하지도 않았다. 사건, 그리고 사태를 있는 그대로 여여如如하게 관찰할 수 있는 관세음적인[1] 지관의 능력을 드러냈다. 오히려 불교는 자연의 무상한 변화능력과 그 변화가 만들어내는 '상호의존적

---

1) 『般若波羅蜜多心經』(T8, 848c06), "觀自在菩薩";『摩訶般若波羅蜜多大明呪經』(T8, 847c10), "觀世音菩薩": '관세음'은 구마라집의 구역이고 '관자재'는 현장의 신역인데 원어로는 '아바로키테 슈바라 보디사트바'를 번역한 것으로 '자유자재하게 지켜본다'는 뜻이 되어 관자재가 직역임을 알 수 있다. 그런데 구마라집이 관세음으로 번역한 이유는 관자 해독에 있다. 갑골문으로 해독할 경우, 관자는 올빼미[혹은 부엉이]를 형상화한 글자로 올빼미는 캄캄한 밤에 작은 소리도 듣는 귀와 움직이는 물체를 관하는 시력을 가지고 움직이는 물체를 포착한다. 구마라집의 관은 소리를 듣고 그 방향을 꿰뚫어 본다는 두 가지 의미가 동시에 함의되어 있기에, 청각과 시각의 두 가지 의미를 함께 가지고 있어 이를 통해 물체를 여여하게 포착할 수 있는 능력을 강조한 것이다. 구마라집을 관세음으로 의역한 이유라고 생각하는 하나의 근거이다.

관계를 제대로 깨닫는 것이 호모 사피엔스에게 가장 중요한 생존의 핵심 요소임을 발견했다. 그렇기 때문에 이 책의 전개과정을 통해 드러내겠지만 불교가 발견한 중도의 사유체계는 인류의 역사와 함께 여전히 변함이 없이 작동할 것으로 생각했다.

인간의 사고체계를 관장하는 $10^{11}$개의 뉴런 세포로 구성된 뇌신경 세포와 신경세포 간의 $10^{15}$개의 연결망에도 깊숙이 각인되어 있는 것으로 추정할 수 있다. 이에 인간의 인지체계를 연구하는 뇌과학의 핵심 원리 내에서도 불교가 탐구한 중도의 사유체계가 존재하고 있을 것으로 기대했다.

이러한 인식하에, 이 책에서는 불교의 사유체계가 지니는 현대적 의미를 두 가지 관점에서 새롭게 제시한다. 첫째는 인공지능의 작동원리의 근간을 이루는 확률통계적 추론방식인 베이즈 이론이며, 다른 하나는 21세기 글로컬 기업의 경영철학적 관점이다. 이를 위해 우선 '베이즈 이론[2]'과 불교의 핵심원리인 12연기 · 삼법인 · 사성제 ·

---

2) 베이즈 확률론(Bayesian probability)은 확률을 '지식 또는 믿음의 정도를 나타내는 양'으로 해석하는 확률론이다. 확률을 발생 빈도(frequency)나 어떤 시스템의 물리적 속성으로 여기는 것과는 다른 해석이다. 이 분야의 선구자인 18세기 통계학자 토머스 베이즈의 이름을 따서 명명되었다. 베이즈 확률론은 확률에 대한 여러 개념 중 가장 인기 있는 것 중의 하나로 심리학, 사회학, 경제학 이론에 많이 응용된다.

팔정도로부터 무자성·공, 즉비논리即非論理, 그리고 중도中道사유와의 상호간의 상즉성을 밝힘으로써, 불교의 핵심 사유체계가 함의하고 있는 인문과학적 의미를 새롭게 제시하고자 한다.

특히 중도사유의 작동 메카니즘이 인공지능의 베이즈 이론과 맞닿아 있음을 분석하고, 선종의 공안과도 맞닿아 있음을 드러내며, 궁극적으로 이같은 불교의 사유체계가 21세기 글로컬 기업의 경영철학과의 연관성을 구명究明해 보고자 한다. 불교의 중도사유에 내재된 인문과학적 무게와 깊이를 확장·심화시키는 계기가 되기를 기대한다.

불교 사유의 근간을 구성하는 12연기·삼법인·사성제 및 공관空觀, 즉비논리, 그리고 중도中道, 선종의 공안이 인공지능(AI)의 학습 방식인 베이즈 이론과 서로 통하지 않나 하는 실마리를 갖게 된 계기는 경제학자 존 메이너드 케인즈(John Maynard Keynes, 1883~ 1946)의 어록의 하나가 그 단초라 할 수 있다. "사실事實이 바뀌면 나는 내 의견을 바꿉니다. 당신은 어떻게 하십니까[When the facts change, I change my mind. What do you do sir]?"[3]라는 말을 한 바가 있는데 이 말이 시사하는 바는 신념이란 언제나 영원불변의 최종 결론이 될

---

3) 피터 클라크 지음, 이주만 역(2010), 122. ; 김대식(2019), 110.

수 없고, 나를 둘러싸고 변화하는 현상계의 '사실'에 굴복해야 한다는 말을 강조한 것으로서 케인즈가 자신의 주장이 일관되지 못하고 여러 차례 자신의 견해를 수정했다는 비판을 주변으로부터 받게되자 했던 말로 널리 알려져 있다. 불교적 관점에서 보면 케인즈는 어떠한 신념과 주장도 자기동일성이라는 실체로 존재할 수 없다는 확고한 생각을 가지고 있었던 경제학자의 한사람이었던 것으로 이해할 수 있다.

좀더 구체적으로 케인즈의 어록에 관심을 기울이게 된 계기는 첫번째, '사실'이라는 단어에 주목할만한 의미가 함의되어 있다고 판단했기 때문이다. 케인즈가 언급한 '사실'이 깔끔한 시스템과 정연한 질서가 아닌 '혼란과 무질서의 새로운 상황', 불교에서의 번뇌와 혹惑, 그리고 뇌과학 및 베이즈 이론에서의 새로운 정보 및 자극[일종의 노이즈]과 상통할 것이라는 판단에서 비롯된다. 구체적으로 들여다보면 불교의 중도적 사유체계와 베이즈 이론이 모두 '혼란과 무질서'에 내재된 마법같은 그 유용성에 집중하고 있다는 점이 단초이다. '번뇌즉보리'의 번뇌, '중생즉부처'의 중생, '생사즉열반'의 생사가 새로운 통찰을 가져다주는 '트리거링 포인트'라는 점에서 더욱 그러하다.

"인간이 살아가는 패턴을 세심히 관찰하면 인간은 너무 쉽게 깔끔한 시스템과 질서의 유혹에 굴복한 나머지 '혼란과 무질서'가 선사하는 미덕을 경험하기를 스스로 포기하는 경향성을 지닌다. '혼란과 무질서'를 계량화하기 쉽지 않고, 조화롭지 않고 즉흥적이며, 불완전하고 앞뒤가 맞지 않고, 서툴고 어지럽게 흐트러져 있고, 우발적이고, 모호하고 막연하고, 복잡하고 심지어 더럽기도 하다고 한다. 그러나 이러한 '혼란과 무질서'는 오히려 고착화된 현실, 배타적 신념, 교조적 독단, 혹은 번뇌와 미혹을 깨부수는 신선한 키워드로서 새로운 통찰을 가져다주기도 하며, 창조적 혁신과 예상치 못한 회복탄력성을 촉발하는 무한한 가능성의 지평을 제시하기도 한다. 깔끔한 시스템과 질서 속에서는 보이지 않던 실마리가 혼란과 무질서한 상태에서 확연하게 노출된다는 점이다."[4]

분별이라는 고착된 사고방식을 여의고, 무분별의 세계로 들어가기 위해서는 어떤 계기가 필요하다. 그 계기를 알려주는 하나의 단서는 군유群有의 현상계에서 끊임없이 드러나는 혼돈과 무질서, 그리고 번뇌와 미혹이라 할 수 있다. 고정관념만으로는 무량하게 펼쳐

---

4) 팀 하포드(2016), 8-11. : 팀 하포드는 그의 저서 『메시:혼돈에서 탄생하는 극적인 결과』에서 기존 체계와의 부조화 혹은 기존 체계를 뒤흔드는 혼란과 무질서를 무한한 가능성으로 연결되는 실마리임을 밝히고 있다는 점에서 불교의 중도적 사유체계와 맞닿아 있다.

지는 두두물물頭頭物物의 다미차별한 상황을 이해하기도 난망이며, 해결하지도 못한 채 헤맬 개연성이 높을 뿐이다. 분별을 넘어 무분별의 세계에로의 도약을 시도하기 위해서는 고정관념이라는 자성을 해체[무자성화]하는 계기와 수단이 필요하다. 뉴튼에서 아인슈타인으로 넘어가는 순간, 천동설에서 지동설로 넘어가는 순간, 문자를 버리고 불립문자로 넘어가는 순간, 주어진 대본만을 따르는 'scripted[정해진대로 해야만 하는 유대본적有臺本的 사고방식]' 방식을 버리고 대본을 극복하는 'unscripted[무대본적無臺本的 사고방식]'로 넘어가는 순간, 백조만 존재한다는 고정관념의 세계에서 이를 파하는 블랙스완[5]의 세계로 넘어가는 순간, 레드오션에서 블루오션으로 넘어가는 순간, 우리는 회색지대를 경험한다.

회색지대는 뉴튼의 'F=ma' 주장과 아인슈타인의 특수상대성이론 방정식 'E=mc$^2$'과 서로 맞닿아 충돌하는 공간이며, 프톨레마이오스와 코페르니쿠스, 갈릴레오 갈릴레이가 서로 우주의 중심을 놓고 격

---

5) 나심 니콜라스 탈레브 지음, 차익종, 김현구 옮김(2018), 27. : 백조만 있다고 믿고 있었던 세계에 도저히 일어나지 않을 것 같은 검은 백조인 흑조가 나타나는 사건이 실제로 일어난 현상을 이르는 말로서, 본래의 의미는 기존의 고정관념에만 매몰될 경우, 잘못된 판단이 초래될 수 있음을 경고하는 의미로 사용된다. 기존의 경험을 깨는 예기치 못한 극단적 상황이 나타나 경제와 사회 등에 큰 파장을 불러오는 사건을 일컫는다. 흑고니 이론 (black swan theory)이라고도 한다.

돌하는 공간으로서 패러다임 전환의 역발상적 공간이기도 하다.

　사실 일정기간 천동설이라는 고정관념은 유용했었고, 교학을 상징하는 경전의 문자도 유용했었고, 무의식으로 작동하게 하는 뇌의 습관적 행동도 유용했었다. 습관이란 무기는 불필요한 에너지 소모를 막고, 불편함이 적은 듯하고, 누구도 쉽게 이의제기를 하거나 시비를 걸지 못하게 하는 장점이 있었다. 그러나 맥락이 변했을 때, 둘러싼 상황과 인연조건이 변했을 때, 우리를 둘러싼 제반 자극이 달라졌을 때, 기존의 분별적 사고에 고착된 습관적 행동방식은 적지않는 사고오류와 판단 착오를 초래한다.

　불교는 관점을 달리하여 해석한다. 분별적 사고로 인한 관습에의 고착은 바로 자성自性에의 집착을 초래하고, 이로 인해 빚어지는 번뇌의 질곡에서 벗어나지 못하기 때문에 이를 파하는 가르침을 제시하고 있다. 관계적 사고와 흐름적 사유, 즉 중도에 입각한 불교의 사유체계는 우리를 둘러싼 맥락이 변동하는 때는 자성自性을 여의고 무자성無自性으로 넘어가야만 하는 경계적 순간이며, 분별分別을 여의고 무분별無分別로 넘어가야만 하는 관계적 순간이며, 생멸生滅에서 무생無生을 거쳐 무작無作으로 넘어가야만 하는 흐름의 순간임을 알려주는 시그널이라고 말할 수 있다. 이렇게 볼 때 불교의 사유체계와 인공지능의 베이즈 이론이 혼돈과 무질서, 그리고 번뇌와 미혹으

로 빚어지는 회색지대에 관심을 갖고, 창의적 해결책을 제시하려는
시도는 당연한 것이다.

또한 주목하게 된 두 번째 이유는, 동서양 지적 교류의 역사적 사
실에서도 동아시아의 대승불교의 사유체계가 서양의 과학과, 서양
의 철학적 사고에 깊이 각인되어 왔음을 확인할 수 있었다는 점 때문
이다. 불교의 공空과 중도中道의 사유체계가 서양의 포스트모더니즘
의 자아 해체뿐만 아니라 서양 근대 과학의 사고방식에 지대한 영향
을 끼쳐온 역사적 사실에 비추어 판단해보더라도 불교의 인문과학
적 사유체계와 서양의 확률통계학적 추론방식인 베이즈 이론의 체
계와도 서로 밀접히 맞닿아 있을 것이라는 가정에 근거한다.

이러한 역사적 사실을 영국 킹스턴 대학의 클라크(J. J. Clarke)가
자신의 저서 『동양은 어떻게 서양을 계몽했는가』에서 다양한 예를
들며 설명하고 있는데, 특히 서양이 자기비판과 자기혁신을 위하여
동양을 어떻게 참조해 왔는가 하는 점에 초점을 맞추고 있다. 그의
저서에서 언급한 몇 가지 예는 이 책의 논지를 뒷받침한다고 생각한
다.

"하나, 대승불교 학파들 가운데서도 특히 선불교는 서구에 가장 큰
영향을 주었다. 서구인들에게 낯설지만 유혹적인 선불교의 세계를 느

끼도록 해준 것은 1, 2차 세계대전 사이에 씌여진 스즈키 다이세츠 선사(鈴木大拙, 1870-1966)[6]의 저작이었다.

둘, 20세기 초반 현상학과 실존주의를 혁신한 인물로서 포스트모더니즘에 지대한 영향을 미쳤던 마르틴 하이데거(1889~1976)는 스즈키의 선禪에 관한 저술들을 접하고서 말하기를 '만일 내가 스즈키를 올바르게 이해한 것이라면, 그의 책은 내가 나의 모든 저술에서 말하려고 했던 것이다.'[7]라고 힘주어 말했다고 한다.

셋, '모든 현상에 대한 불교도의 태도는 근대과학자의 그것과 항상 일치한다. 모든 사물들을 무無라고 가정하고, 모든 것을 시험하면서 객관적으로 냉정하게 검증해야 한다. 그것은 바로 부처가 그의 제자들에

---

6) http://www.kyobobook.co.kr/product/detailViewKor.laf?ejkGb=KOR&mallGb=KOR&b[2022.03.24.]. : 일본의 불교학자이자 수많은 선서를 펴낸 저술가이기도 했다. 승려도 선사도 아니었고 재가 불교학자였던 스즈키는 빨리어, 산스크리트어, 중국어, 일본어로 된 불교 텍스트를 연구했으며, 독일어, 프랑스어, 영어를 구사하고 서양사상에도 박식한 것으로 알려져 있다. '다이세츠(大拙)'라고 불렀다. 오히려 이 이름으로 알려져 있다. 선승(禪僧) 샤쿠 쇼오엔[釋宗演, 1859~1919]에게 사사(師事)하여 그 훈도(薰陶)를 받았다. 1900년에는 대승불교 사상을 계통적으로 논술한 『Outlines of Mahayana Buddhism』(London, 1906~7)을 출판. 1927년에 『Essays in Zen Buddhism』을 런던에서, 제2권을 1933년 9월 동경에서 출판. 선(禪)의 공안(公案)과 염불(念佛)의 심리적인 관계에 주력을 쏟아 붓고 있다. 런던의 Pali Text Society의 저널에 The Zen Sect of Buddhism(1906~7)을 발표. Eastern Buddhist에 『능가경(楞伽經)』, 『사십화엄(四十華嚴)』 등의 영역(英譯)을 발표. 구미에 널리 그 이름이 알려지게 되었다.
7) J.J. 클라크 지음, 장세룡 옮김(2004), 245.

게 당부한 바이기도 하다.'[8] 이를 현대적 관점에서 부연한다면, 통계적 검증절차와 상통한다.

넷, 포스트모더니즘의 관념은 불교적 전통에 영향받은 것으로 당대의 관심을 끌었다. 자아는 본성이 아니라 구성되는 것이며, 안정되고 영구적인 것이 아니라 고통스럽게 부서지는 것이라는 관념이 그것이다. 서구사상은 뿌리 깊은 본질주의를 통해 인간을 자연 및 다른 모든 살아있는 존재들로부터 구분한다. 최근의 논의에서는 도가와 불교가 제공한 대안적인 가르침, 즉 고정되고 영구적인 것은 없으며, 특히 인간본성 자체는 유동한다는 관념을 지지한다."[9]

그리고 세 번째 이유는, 불교 존재론의 하나인 18계의 6근・6경・6식(根・境・識) 구조와 그 작동원리인 삼사화합三事和合[10]은 세계와 존재를 분석하는 불교적인 개념틀인데, 이것이 인식론적인 관점에서 베이즈 이론과 상응한다는 추론 때문이다.

---

8) J.J. 클라크 지음, 장세룡 옮김(2004), 앞의 책, 314.
9) J.J. 클라크 지음, 장세룡 옮김(2004), 앞의 책, 245, 314.
10) 3사화합(三事和合)은 근(根)・경(境)・식(識)의 3가지[三事]가 화합하는 것을 말한다. 촉(觸)의 마음작용과 깊은 관련이 있는데, 삼사화합이 곧 촉이라는 3화성촉설(三和成觸說)과 3사화합에서 촉이 생긴다는 3화생촉설(三和生觸說)의 견해가 있다. 전자는 경량부의 견해이고 후자는 설일체유부와 유식유가행파의 견해이다.

즉, 현재의 선입견 및 자성을 상징하는 6근根이 케인즈적 사실[혼
란·무질서, 새로운 정보·자극, 번뇌·혹]을 유발시키는 계기가 되
는 6경境과 접촉하여 기존의 식識에 내재된 선입견을 재해석, 재구성
하는 과정을 거침으로써, 새로운 신념 체계로서의 6식識을 재구축하
는 방식으로 순환되는 프로세스로 이해할 수 있다. 즉 만유를 생산
하는 일체법의 작동방식인 근根·경境·식識의 삼사화합三事和合은
베이즈 이론과 서로 연결되어 있다는 추정을 가능하게 한다.

이 책은 이러한 배경 및 논점 제기에 근거하여, 대승불교의 원융
중도中道의 사유체계가 지니는 현대적 의미를 확률통계적 추론방식
의 관점에서 재해석할 것이며, 특히 인공지능의 근간을 이루는 '베
이즈 이론'을 방편의 도구로 인용하여 설명해 나간다. 현대수학의
집합론으로 부연 설명하면, 중도사유는 공·가·중이 만들어내는
일체의 집합으로 구성된 멱집합冪集合[11]으로 정의될 수 있으며, 베이

---

11) 수학의 집합론에 의거하여 설명하면, 공·가·중을 구성요소로 하는 전체집합={공, 가, 중}이
있다고 상정하자. 그러면 이의 모든 부분집합을 찾아 나열하면 다음과 같다. Ø, {공}, {가}, {중},
{공,가}, {가,중}, {공,중}, {공,가,중}. 수학적으로 중도는 이들 모든 부분집합의 개수를 포함한다
고 말할 수 있다. 즉 중도={ Ø, {공}, {가}, {중}, {공,가}, {가,중}, {공,중}, {공,가,중} }으로 정의할
수 있다. 이를 수학적으로 표현하면 중도는 3가지 원소 집합인 {공,가,중}의 멱집합이라고 말
한다. 멱집합은 주어진 집합의 모든 부분집합들 하나하나를 원소로 갖는 집합이다. 불교의 중
도사유는 {공·가·중}의 멱집합인 것이다.

즈 이론의 작동원리는 중도의 부분집합들 중의 하나가 되기 때문에 중도에 섭수된다고 말할 수 있다.

또한 중도사유의 작동원리가 현대 기업의 경영철학적 관점에서 어떻게 응용될 수 있는지를 서술하고자 한다. 이는 지금껏 시도하거나 접근해보지 않은 미개척 영역의 하나로서 중도사유가 새로운 지평을 개척하고 나아가는 계기를 만들 수 있을 것으로 기대한다.

중도中道의 중심사상은 연기 · 무자성 · 공으로 이어지는데 모든 존재의 존재방식이 연기성, 즉 관계이기 때문에 자체의 고유한 자성은 있을 수가 없으므로 공이라 하였고, 나아가 무자성 · 공은 비유비무로서 양변의 극단을 배제하므로 그 자체가 중도라는 의미이다.[12] 천태지의는 양변을 막고 바르게 꿰뚫고 들어가는 것으로 양변을 다 비추느니라라고 하면서 중도를 '쌍차쌍조雙遮雙照라고 설명하면서 불교의 기본 가르침이 중도라고 하였다. 또한 중도의 갑골문의 자형

---

12) 조준호(2014), 266, 270, 296, "불교의 중심 세계관이며 실천론은 중도(中道)의 가르침이다. 바로 이변(二邊) 또는 양변으로 알려진 극단의 분별과 차별에서 벗어난 삶을 말한다. 두 극단은 올바름[正]에 반하는 그릇됨[邪]으로 버려야 할 것으로 선언한다. 다시 말해, 붓다가 두 극단을 떠나 중도를 깨달았다는 것은 파사현정(破邪顯正)을 말한다. 따라서 중도는 대립적인 두 극단을 파기하고 지양(止揚)하는 길임을 알 수 있다. 결론적으로 중도란 상대적이고 배대적(背對的)인 입장을 파사(破邪)하는 길에 그 핵심이 놓여있다.

13) 손예철(2017), 30. "갑골문 '中' 자의 '**𣄼**'는 본래 旗織의 모양을 형상화한 것으로, 상고시대 씨족사회의 휘장이며, 씨족 집단 거주지 중간에 이 기치를 세워 놓고 큰 일이 있을 때 군중들이 이를 바라보고 모였을 것으로 짐작된다. 여기에서 중앙이라는 의미가 생성되어, 후세에는

분석을 통해 풀이하면[13], 그 의미는 관통이며 꿰뚫음을 뜻한다. 단순히 중간中間, 혹은 평균平均, 중앙값, 혹은 가장 빈도가 많은 데이터 값을 나타내는 최빈값 등의 통계적 의미로 해석되어서는 안 된다.

적어도 중도의 본래 의미는 화살이 과녁에 정확히 꽂혀 양변적 사고와 분별적 사고, 격벽적 사고, 견사혹見思惑의 장애를 뚫고 나감으로써 정각正覺에 이르는 적중的中이라는 뜻과 통하는 것이며, 또한 시방세계의 맥락에 따라 맥락에 적확하게 대응한다는 상호작용이라는 의미로서의 시중時中[14]과 상통한다. 시중을 현대적 의미로 바꾸면 적확의 타이밍(Timing)이라 하겠다. 이렇게 볼 때 중도는 맥락을 놓치

---

방위명사로 사용하게 되었을 것이다. 『說文解字』에는 '中, 內也。从口。丨, 上下通。, 古文中.' : '中은 납입(納入)하다는 뜻이다.' 口를 구성 요소로 하고 있고, '丨'은 아래위를 관통한다는 뜻을 나타낸다. ''은 '古文' '中'자이다."라고 풀이하고 있다. 필자의 의견은 다음과 같다. 갑골자형의 하나인 ''에 근거하여 설명하겠다. 이는 깃발이 아니고 '비행하는 화살과 화살깃'을 순간적으로 포착하여 그린 것이다. 여러 발의 깃 달린 화살이 과녁의 정중앙을 관통한 그림이다. 빠른 속도로 가속도가 붙어 날아가기에 화살깃만 보이기도 한다. 이에 대한 자세한 해석은 본 연구의 논의 범위를 넘는 것이기에 일단 이 정도로 정리하겠다. 핵심은 깃발이 아니라 깃 달린 화살이 과녁을 관통한 중곡(中鵠)의 그림이라는 점이다. 화살깃은 세 개가 통상적인 것으로 알려져 있지만 두 개의 깃도 사용되었음을 알 수 있다. 깃의 개수는 세 개를 쓰는 것이 가장 흔하며, 사람에 따라 두 개, 네 개, 여섯 개 등 여러 가지가 있다. 예를 들면 큰 깃 2개(혹은 그 이상)를 아래위로 단 화살인 대우전(大羽箭)이 있는데, 태조 이성계가 대우전의 명사수라고 알려져 있다. 독수리의 큰 깃의 저항력 때문에 사정거리는 감소하지만 근거리 조준이 훨씬 더 정밀하고, 직진성이 높아 사냥과 전투의 살상전용이었고, 큰 깃이 바람을 가르는 소리가 생각보다 강하여 전장에서 효시처럼 적을 교란할 수 있었다고 한다.

14) 『중용』의 "수시이처중야(隨時以處中也)"라는 어구에서 그 의미를 확인할 수 있다. 여기서 수시(隨時)는 상황의 변화로서 맥락 혹은 인연조건과 통하며, 처중(處中)은 그 상황 분석에 따른

지 않는 통찰력의 또 다른 표현이며, 분별에의 고착으로 인한 폐해를 극복하는 혁신적 작동원리를 가리킴과 동시에 '지금 여기에서' 최적해(Optimal Solution)를 추적追跡·심구尋究하는 장치인 셈이다. 시행착오를 통해 올바른 길을 선택한다는 의미에서 중도는 우리 시대에 절실히 요구되는 가장 현실적이고 실천적인 삶의 지혜이자 메타인지를 구체화시키는 최적 방편의 하나라 할 수 있다. 이런 까닭에 주어진 제약조건하에서 최적해(Optimal Solution)를 궁구해온 인간두뇌의 진화과정과 그 두뇌가 작동하는 방식이 바로 불교의 중도사유에 비정比定할 수 있다는 논지는 제기할 만 하다고 생각하게 되었다.

---

정확한 판단과 실행이다. 적당과 타협에 안주하지 않고 시시각각 '무분별적 분별' 의 지혜로써 최적해를 찾아가는 역동적 균형상태를 말한다. 즉 정지된 평형이 아니라 '움직이는 평형' 인 바 이는 잘 알려진 조주의 "평상심시도(平常心是道)"라는 공안의 내용과 통한다. 평상심은 인연조건에 따라 마음을 내듯, 무게추의 무게에 따라, 끊임없이 균형점을 찾아가는 저울처럼 늘 평형을 이루려고 노력하는 움직이는 균형점, 즉 동적 균형상태를 이르는 말이다.

# 02
## 어떻게, 무엇을 얻을 것인가

    동아시아 전통 사유를 구성하고 있는 주역, 노장, 불교 중에서 불교의 인식체계를 인공지능의 관점에서 재해석하여 불교와 인공지능 상호간의 상즉相卽의 접점 및 연관성을 파헤치고, 이에 근거하여 한 걸음 더 나아가 불교 중도사유의 현대적 의미와 가치의 재발견을 시도한다. 초기 불교로부터 중도中道사유로 확대·심화되는 과정을 거쳐 진화한 불교의 사유체계를 인공지능의 작동방식의 하나인 베이즈 이론으로 재해석함으로써, 불교의 중도中道사유가 함의하고 있는 현대적·과학적 가치를 새롭게 제시한다.

    특히, 공空·가假·중中의 중도中道사유에 대한 불교의 사유체계가 인공지능의 원리와도 밀접히 연계되어 있음을 목격하는 계기가 될 것으로 판단한다. 이는 근대 서구 과학에 의해 빛을 제대로 받지 못했던 동아시아의 불교의 중도적 사유체계에 대한 재인식이자, 재발견이며 나아가 과학적 사고의 지평을 확대시키는 개권현실開權顯實의 성찰이기도 하다.

이를 위해

첫째, 차원조우次元遭遇 개념에 의거하여 정보의 비대칭과 '케인즈적 사실'이 주는 중요한 의미를 설명하겠다. 인간이 정보의 비대칭에 놓일 경우, 인간은 확증편향이라는 한계적 프레임에 빠지는 경향을 보이게 되는데, 기존의 사유체계에서는 이해되지 않는 비대칭성의 새로운 정보는 고정된 신념체계를 흔들게 되지만 확증편향의 프레임으로 인해 여전히 과거의 도그마에서 벗어나지 못하고 제자리에서 고집스럽게 버티는 현상이 발생한다. 이때 파생되는 갈등, 즉 케인즈적 사실[혼란·무질서, 새로운 정보·자극, 번뇌·혹]이 필연적으로 발생한다. 이러한 케인즈적 비대칭의 정보는 버려야 할 폐기물이 아니라 문제를 해결하는 새로운 실마리로서 재해석되어야 할 대상임을 밝힌다.

둘째, 인공지능의 학습방식에 내재한 알고리즘15)의 특징을 서술

---

15) 현대 인공지능의 대세라고 할 수 있는 딥러닝(알파고에도 쓰인 인공지능)의 핵심이론도 역시 이 베이즈 정리에 기반한다고 알려져 있다. 알고리즘이란? 문제를 해결하기 위해 정해진 일련의 절차. 프로그램을 작성하는 기초가 되는 것이며, 컴퓨터를 동작시키기 위해서는 어떻게 입력하고 입력된 정보를 어떻게 처리하며, 얻어진 데이터를 어떠한 형상으로 출력, 표시하는가 등의 알고리즘을 프로그램으로 완전히 기술해야 한다.

하고 그 이면에서 작동하고 있는 메카니즘인 '사전확률 - 추가사건 - 사후확률'로 구성되는 베이즈 이론이 불교적으로 해석이 가능함을 제시한다. "자율주행차는 베이즈 이론이라는 수학적 원리가 적용된 예다. 이 이론은 사전확률이라는 '초기조건'에 지금 여기에서 맞닥뜨리는 구체적 '실행 데이터'를 반영하여 초기의 사전확률을 '사후확률'로 수정시킨다. 이같이 사전확률에서 사후확률로 전환하는 과정을 찰나찰나 반복하여 정확한 위치를 찾아가는 지속적 갱신의 원리이기도 하다. 베이즈 이론이 실제로 망망대해 수중에 실종된 잠수함을 찾아내는 데 큰 역할을 하기도 했다. 사라진 잠수함 찾기와 도로에서 자동차 위치 찾기는 아주 비슷한 문제다. 베이즈 이론은 자율주행차 등 과학과 산업의 거의 모든 분야에 일상적으로 사용하는 심오한 수학적 통찰이다."[16]

셋째, 불교의 인문과학적 프로토콜[17], 즉 불교의 사유체계가 베이즈 이론과 융통함을 단계적으로 밝힌다. 불교의 프로토콜이란 불교

---

16) 닉 폴슨 · 제임스 스콧 지음, 노태복 옮김(2020), 169-175.
17) 이홍제(2021), 397. : 인문학적 프로토콜이란 용어는 본고에서 새로이 고안한 어휘이다. 본래 프로토콜이란 정보기기 사이 즉 기종이 다른 컴퓨터끼리 정보교환이 필요한 경우, 이를 원활하게 하기 위하여 정한 여러 가지 통신규칙과 방법에 대한 약속, 즉 통신의 표준규약을 의미한다. 인터넷표준프로토콜TCP/IP(Transmission Control Protocol/Internet Protocol)가 이에 해

의 사유체계 일체를 가리키는 말로서 연기법으로부터 무자성·공, 중도, 그리고 선종의 사유방식으로 설명할 수도 있으며, 또한 천태지의의 오시팔교의 교판과 장통별원의 사종사제로 비정할 수 있기에 이를 인용하여 활용할 것이다.[18]

하나, 불교의 삼법인, 12연기의 무명無明에서 비롯되는 고苦와 이를 극복하는 수행체계로서의 사성제四聖諦의 고집멸도苦集滅道, 그리고 팔정도八正道로 이어지는 핵심 사유체계가 '사전확률 - 추가사건 - 사후확률'로 이어지는 베이즈 이론의 메카니즘과 상즉하는 특성을 지니고 있음을 밝히겠다.

둘, 『반야경』의 공, 『금강경』의 즉비논리, 『중론』의 삼제게 등을 중심으로 '불교경전에 내장된 중도적 사유체계'가 '사전확률 - 추가사

---

당된다. '서로 다르지만 서로 같다'라는 불교의 중도적 시각에서 볼 때, 특히, 불교의 사유체계와 인공지능의 베이스 이론과의 공통규약을 탐색하는 작업은 흥미로운 작업이다. 아시다시피, 불교와 베이스 이론은 시공간이 일치하지 않고, 상호간의 소통이 있을 수 없었다. 문자도 한자와 컴퓨터 언어로 서로 달랐고, 타고난 환경 등도 달랐다. 그럼에도 베이즈 이론과 불교의 사유가 공유하는 공통규약을 불교적 관점에서 재구성하는 작업은 반드시 이루어야 할 일이다. 본고는 이를 '인문학적 프로토콜'로 표현한다.

18) 지창규(200), 137-138, "智顗의 주장과 같이, 초기 아함과 아비달마의 사제설은 천태의 生滅사제 그 자체이고, 반야부 경전의 호사제는 천태의 無生사제와 일치하며, 화엄경의 無量 사제는 천태의 무량사제와 名目에서 그대로 합치하고, 열반경의 불성상주 實相사제는 천태의 無作사제와 실질적으로 차이가 없는 것을 확인할 수 있었다."

건 - 사후확률'로 이어지는 베이즈 이론의 메카니즘을 포섭함을 밝힌
다.

셋, 선종禪宗 공안公案을 작동시키는 불립문자 · 언어도단言語道斷 ·
심행처멸心行處滅19)의 원리에서 드러나는 자성해체自性解體 방식이 '사
전확률 - 추가사건 - 사후확률'로 이어지는 베이즈 이론과 연결됨을
밝히겠다. 이를 위해 청원유신의 산수론山水論, 무문혜개의 조주구자趙
州狗子 및 비풍비번非風非幡 공안 등의 구체적 사례를 들어 자세히 설명
한다.

넷, 이러한 과정을 거쳐, 자연스럽게 중도적 사유체계는 인공지능
의 베이즈 이론, 그리고 뇌의 커넥톰20)과 본래 근원적으로 동일한 버
전이었음을 밝힐 것이며, 이에 근거하여 '베이즈 이론'으로 비정한 불

---

19) 伽山 이지관(2004), 제15권, 126, "마음으로 사유분별할 방도가 사라지고 언어로 모색할 길이
끊어진 경계. 분별로 모색하여 포착하거나 언어로 표현할 수 없는 부사의한 경계를 말한다.
대지도론 권54(대정장25, p.448b4)에 '수보리가 설명한 반야바라밀은 궁극적으로 공이라는
뜻이니, 정해진 상이 없어서 얻을 수 없고 다른 말로 옮겨서 깨달을 수도 없다. 유라고도 할 수
없고, 무라고도 할 수 없으며, 유무라고도 할 수 없고, 비유비무라고도 할 수 없으며, 비비유비
비무라고도 할 수 없다. 모드 마음으로 모색할 방도가 소멸하고 언어로 표현할 길이 끊어졌기
때문이다.'라고 설명하고 있다."
20) 승현준 지은이, 신상규 옮김(2014), 19, "게놈과 마찬가지로 커넥톰은 신경계에 있는 뉴런들
사이의 연결 전체를 일컫는다. 하나의 커넥톰이란 하나의 연결이나 여러 개의 연결이 아니라
연결 들의 총체를 의미한다. 커넥톰이 가장 먼저 보여줄 수 있는 것은 당신이 유일무이하다는
것이다."

교의 중도사유에 내장되어 있는, 그러나 아직 드러나지 않은 채 여전히 숨어있는 의미를 21세기 현대 글로컬 기업의 경영철학적 관점에서 제시한다. 인연생기로 찰나찰나 변모하는 맥락을 포착하는 중도적 사고는 현대적 관점에서 보면 새로운 가치를 창출하는 관계를 미리 포착하는 감지시스템이라고 할 수 있다. 새롭게 재구성된 관계는 새로운 세계를 펼쳐 보이는 맥락이기에 무소주無所住의 마음으로 이에 적극 대응하여 기회를 선점할 수 있어야 한다는 점에서 더욱 그러하다고 할 수 있다. 중도적 사고는 글로컬 기업들 간의 경쟁구도를 결정하는 근본적 패러다임이 수시로 인연조건의 맥락에 따라 바뀔 수 있음을 인지하고, 이에 대응한다는 점에서 적자생존의 돌파구를 부단히 모색해 나가는 글로컬 기업의 경영전략과 밀접히 맞닿아 있는 것이다.

수많은 지식과 정보가 쏟아지며, 그것도 질과 양의 수준이 그 누구도 감당해내지 못할 정도로 정보가 대량으로 생산되고 있는 것이 현실이다. 글로컬 뉴스, 블로그, SNS, 유튜브 등 무수한 매체를 통해 천언만어千言萬語의 전문가 지식과 정보를 접하며, 자극받고 반응하지 못하면 도태된다는 강박의 시대에 살고 있다. 우리의 뇌는 사건과 사태에 집중하며, 적확한 반응을 선택한다. 그리고 스스로를 지속적으로 업그레이드 시키며, 새로운 나로 자신을 재설정하는 작동기제를 반복한다.

그러나 지식과 정보의 삼림에서 이리저리 방황하노라면, 자신이 어디에 와 있는지, 어디로 나아가야 할지를 몰라 길을 잃기가 십상이다. 쏟아지는 정보의 홍수를 그저 출퇴근길의 평범한 조우로 여기거나, 그저 한번 훑어본 것으로 넘어가거나, 혹은 그저 비판 없이 믿고 따르거나, 그저 머릿속에 채워 넣고는 앵무새처럼 다시 지저귄다거나 한다면, 정작 그것이 자기에게 어떤 의미로 재구성되어야 하는지를 절대로 알지 못한다. 오히려 이러한 사건 및 사태에 집중하여 정곡을 찌름으로써, 자신이 이제까지 경험하지 못했던 미지의 세계를 새로운 가능성의 영역으로 전환시키는 과정이 필요하다.

이렇듯 그 수많은 지식과 정보와 번다한 세상사를 마주하여, 그것이 자신에게 무슨 의미이고, 자신이 어떠한 선택을 해야 하는지를 끊임없이 스스로에게 되물으며 자신이 지금 어디에 있고 어디로 나아가야 하며 무엇을 하고 있고, 무엇을 해야 하는지를 결정하는 올바른 정도正道의 선택이 필수 불가결하다 하겠다. 이를 불교의 인문과학적 관점에서 제시하면 중도사유이며, 뇌과학적 관점에서는 베이스 이론이며, 초우량 글로컬 기업의 관점에서는 경영철학이라는 이름으로 명명할 수 있다 하겠다.

본서에서는 고대 동아시아 사유의 하나인 불교의 중도사유를 뇌과학의 눈을 빌려 재해석하는 프로세스를 수행한다. 특히, 중도사유를 기존의 불교 내적 시야가 아닌 외적 시선, 즉 인공지능의 베이스 이론이라는 과학적 관점에서 새롭게 분석하는 것으로서 불교라는 인문과학과 뇌과학, 그리고 확률통계학의 수학적 기법이 서로 다른 공간과 서로 다른 시간 속에서 진화해 왔음에도 그것들이 시선을 공유해 왔음을 확인하는 계기가 될 것이며, 이를 통해 불교의 시선과 인공지능이 바라다보는 시선과 서로 간에 다를 바가 없었음을 목격하는 계기가 될 것을 기대한다.

또한 이러한 과정을 거쳐, 끝으로, 본서에서는 베이즈 이론으로 재해석한 불교의 중도사유가 과학의 경계를 넘어 치열한 경쟁의 세계를 표상하는 21세기 글로컬 기업이 수지해야 하는 경영철학과 상통하고 있음을 밝힌다.

두 번째 강의

# 자성해체(自性解體)의 필연성 제기

# 03

# 차원조우(次元遭遇)의 특징과 자성해체

　자성해체의 공관이 필요한 이유를 우선, 차원 간의 충돌, 즉 1차원과 2차원, 2차원과 3차원, 3차원과 4차원 등이 서로 부딪치는 순간 나타나는 사실[사건, 혹은 사태]이 빚어내는 현상의 다양한 모습을 통해 관찰할 것이다. 어느 시대 어느 공간에서도 무자성·공의 필요성이 그 명칭과 상相의 종호種好를 달리할 뿐 항상 절실하게 요구되어 왔음을 알려주는 증거라 하겠다.

　서로 다른 차원, 즉 저차원과 고차원의 세계가 조우하는 경우, 인간의 사고편향과 관련하여 주목할 만한, 매우 흥미로운 현상적 특징이 드러난다. 이를 정리하고 이에 대한 불교적 해석을 약술한다.

　　"일반적으로 고차원, 예를 들어 3차원[공간]에서는 그보다 하위차원인 2차원[평면], 1차원[선], 0차원[점] 전체를 볼 수 있으나, 자신보다 높은 상위차원을 볼 수 없다. 하지만, 수학적인 방법을 이용하면 그 일부분을 볼 수 있다. 4차원 도형인 '초입방체(하이퍼 큐브)'를 작도하고 이것이 3차원 공간에서 보이는 모습을 소개해본다. 전통적인 유클리드 기하학에서 근거하였을 때, 한 점의 위치를 결정하기 위해서 필요한 좌표의 개수를 차원이라고 한다. 그런데 우리가 사는 3차원 공간에서는 4차원의 좌표를 그려낼 방법이 없다. x, y, z축에 수직인 w축을 하나 더 표현할 수가 없기 때문이다. 하지만 눈에 보이지 않을 뿐, 수학은 3차원에서 4차원으로 법칙을 유연하게 확장할 수 있고 이를 계산하여 수학적 상상력으로 그려낸다. 초입방체의 생성과정은 정사각형에서 정육면체가 만들어지는 과정을 이해하고 이를 확장하면, 정육면체로부터 초입방체(하이퍼 큐브)를 설계할 수 있다. 정사각형[2차원]에서 정육면체[3차원]가 만들어지는 과정은 단계적으로 아래와 같다.

① 평면(2차원)상에 놓인 정사각형의 꼭짓점 좌표

   (0,0), (1,0), (0,1), (1,1)

② 공간(3차원)이 품은 정사각형의 꼭짓점 좌표

   (0,0,0), (1,0,0), (0,1,0), (1,1,0)

③ 정사각형의 꼭짓점을 3차원 방향(z축)으로 확장·생성된 정육면체의 꼭짓점 좌표

   $(0,0,0) \rightarrow (0,0,1)$

   $(1,0,0) \rightarrow (1,0,1)$

   $(0,1,0) \rightarrow (0,1,1)$

   $(1,1,0) \rightarrow (1,1,1)$

마찬가지의 단계를 따르면 정육면체로부터 초입방체(하이퍼큐브)를 설계할 수 있다. ① 공간(3차원)상에 놓인 정육면체의 꼭짓점 좌표로부터 ② 초공간(4차원)이 품은 정육면체의 꼭짓점 좌표로 변경한 후에 ③ 정육면체의 꼭짓점을 4차원 방향(w축)으로 확장하여 생성된 초입방체의 꼭짓점 좌표를 찍음으로써 3차원 공간에서 보이는 4차원의 모습을 그려낼 수 있다. 이처럼 정육면체로부터 초입방체를 설계하는 과정은 정사각형으로부터 정육면체를 설계하는 과정과 같다. 정사각형의 한 꼭짓점 좌표 (0,0)을 3차원 공간상에 (0,0,0)으로 놓고, z=0 면에 놓인 정사각형을 z축의 방향으로 거리 1만큼 들어 올리면 공간상에 정육면체가 서게 된다. 이와 마찬가지로 위에서 설명한 대로 정육면체의 한 꼭짓점 좌표 (0,0,0)를 초공간상에 (0,0,0,0)으로 놓는 것으로 초입방체 설계를 시작한다. 그리고 w=0에 위치한 정육면체를 w축의 방향으로 거리 1만큼 들어 올린 (0,0,0,1)로 초입방체의 높이를 만든 다음, 같은 방법으로 정육면체의 나머지 꼭짓점들도 w축의 방향으로 1만큼 들어 올려 초입방체의 다른 꼭짓점들을 만들어 낼 수 있다. 본고의 관심은 저차원의 세계에서 고차원의 세계가 어떻게 보이는지를 살펴보는 것과 관련이 있다. 사실 4차원 도형인 초입방체를 3차원에서 왜곡됨이 없이 온전하게 관찰하는 방법은 결론부터 말하자면 불가능하다. 그러나 2차원 평면에서 3차원 도형이 보이는 원리를 이용하면, 3차원 공간에서 4차원 도형인 초입방체의 부분적인 모습을 바라볼 수 있다. 2차원 평면에서 관찰되는 구球(3차원)의 모습은 그것이 평면을 통과할 때의 단면을 보는 것이다. 머릿속으로 상상하면 쉽게 사고실험을 할 수 있다. 평면을 통과하는 구는 처음에 점으로 통과해서 점차 큰 원의 형태를 보이다가 다시 작아지며 마지막에는 다시 점으로 끝나는 형상을 보여준다. 바로 이것이 2차원에서 볼 수 있는 구의 형태이다. 또한 2차원에서 보는 3차원의 도형인 정육면체의 모습은 더욱 다양하다. 똑바르게 서 있는 정육면체는 평면상에서 정사각형으로 보이지만, 정육면체가 회전할 때 평면에서 보이는 단면은 여러 가지 다각형의 모습을 연출한다. 이처럼 하위차원에서 상위차원의 도형을 볼 때는 다미차별의 무량한 상호相好를 각자의 시각에 따라 관찰하게 된다. 3차원에서는 4차원 좌표 (x,y,z,w)로 표현된 초입방체를 현실에서 온전하게 구현할 수는 없지만 다미차별의 무량한 상호로 구현될 수 있음을 이해할 수 있다."21)

위의 내용을 좀 더 상세하게 부연하겠다. 1차원[선]과 2차원[평면]이 만나면 어떤 일이 발생할까? 직선으로만 다니는 1차원에게 사방팔방으로 출현하는 2차원 평면은 신출귀몰 그 자체이다. 평면이 선

---

21) https://m.post.naver.com/viewer/postView.naver?volumeNo=32887664&memberNo=5565159 [2021.12.20.]. : 하위차원 세계에서 사는 우리에게 보이는 상위차원의 세계는 어떠할까? 라는 질문은 마치 불교적 관점에서 해석하면 미혹의 경계에 머물고 있는 중생에게 보이는 세계와 각자(覺者) 부처에게 보이는 세계는 현재는 차이가 나고 다르지만 수행을 통해 상위차원의 실마리를 놓치지 않고 바라볼 수 있게 됨으로써 중생 역시 부처의 세계를 증득할 수 있다는 생각으로 비견된다.

의 좌우로 빠지면 선은 평면과 조우할 일이 없으니 보이지도 않기에 2차원의 세계는 존재하지 않는다는 잘못된 판단을 내리게 된다. 간혹 선이 평면 위에 놓이면 '직선'으로만 평면을 감지할 뿐이고, 선이 평면을 관통하면서 만나면 '점'으로만 평면을 인식할 뿐이다. 홍길동처럼 사라졌다가 갑자기 뒤에 나타난다. 이는 1차원만 존재한다는 '세계관의 아집과 집착'을 무너뜨리는 비대칭적인 정보가 2차원과의 충돌과정을 통해 간헐적으로 제공될 수 있음을 뜻한다. 차원 간의 충돌로 제시되는 2차원이 주는 신호는 기존의 1차원 프레임으로는 도저히 인정할 수 없는 일대 사태[이하 사실, 사건과 혼용하여 표기]이자 혼란이며 불교적으로 표현하면 '일대사인연[22]'이라 할 수 있다. 2차원과의 충돌사건은 앞에서 말했던 '케인즈의 사실'과 동일한 맥락의 사건이다.

우리는 누구나 늘 그리고 찰나찰나의 순간에 자신의 내적 프레임

---

22) 『妙法蓮華經』(T9, 7a21-7a28), "諸佛世尊。唯以一大事因緣故出現於世。舍利弗。云何名諸佛世尊唯以一大事因緣故出現於世。諸佛世尊。欲令衆生開佛知見使得淸淨故出現於世。欲示衆生佛之知見故出現於世。欲令衆生悟佛知見故出現於世° 欲令衆生入佛知見道故出現於世。舍利弗。是爲諸佛以一大事因緣故出現於世":「방편품」에는 부처님이 세상에 출현한 것은 '일대사인연'을 위해서라고 밝히고 있는데, 사바세계에 오신 큰 이유의 하나가 자성에 고착되어 헤어나오지 못하는 무명의 중생들에게 불지지견(佛之知見)을 개시오입(開示悟入), 즉 열어주고(開), 보여주고(示), 깨닫게 해주고(悟), 들어오게 해주기(入) 위해서라고 하였는바 이는 차원을 뛰어넘도록 깨닫게 하는 것으로 비유할 수도 있다.

과 자신 이외의 외적 프레임과의 충돌 현장에 서 있는 것이며, 이 같은 프레임 간의 충돌 신호를 어떻게 해석하고 받아들이느냐에 따라서, 자신을 현재의 내적 프레임에만 머무는 우물 안의 개구리로 만드느냐, 아니면 새로운 차원의 세계로 자신의 프레임을 확대 · 도약시키느냐를 결정짓게 된다.

또한, 2차원[평면]과 3차원[정육면체]이 만나면 2차원의 눈 앞에는 어떠한 사건이 전개될 것인가? 정육면체가 수평면의 상하로 벗어나 이동하면, 평면의 눈앞에서 사라지고, 갑자기 뒤에서, 옆에서 불쑥 나타난다.

정육면체의 상하운동에 따라 평면의 시야에는 단지 겹치는 정육면체의 횡단면인 평면정보만 볼 수 있을 뿐이고, 그 경우의 수는 겹치는 각도에 따라 무량하다. 2차원의 평면 세계에서는 3차원의 정육면체와 수많은 충돌을 통해 정육면체의 극히 일부분의 모습만 감지할 수 있을 뿐임을 알 수 있다. 다음으로 정육면체[3차원]와 시공간[4차원]이 만나면 어떠한 사건이 만들어지는지를 검토해보자. 고정된 3차원의 정육면체에는 흐르는 시간이 없기 때문에 정육면체에 살고 있는 인간에게는 시공간[4차원]에 살고 있는 인간의 모습이 처음에는 어린아이로 나타나기도 하고, 시간이 흐르면 불현듯 어른, 혹은 노인으로 나타나기도 한다. 4차원의 계절은 계절의 변화에 따라 봄이기도 하고, 시간이 흐르고 만나면 여름이기도 하고 자유자재하다. 역시 마찬가지로 다미차별의 무량한 사건을 목격하게 되지만, 그러나 3차원 세계의 인간에게는 그것이 무엇을 의미하는 정보인지 정확히 알기 어렵다. 3차원 정육면체에게 4차원의 시공간은 손오공처럼 둔갑술의 귀재로 보일 것이다.

끝으로 점[0차원]과 다른 차원이 동시에 만나면 어떤 현상이 발생할까? 점은 다른 차원들이 자신과 일체로 겹쳐 있는 순간만 점으로 알아챌 뿐이고, 분리되어 떨어지는 순간, 사라지는 존재로 인식한다. 여기서도 마찬가지로 제로 차원의 점은 다른 차원과의 충돌을 통해 찰나찰나 명멸하는 점으로만 정보를 습득한다. 이같은 명멸하는 점이 주는 정보를 어떠한 신호로 해석하느냐가 자신의 차원을 극복하고 한층 높은 차원으로 퀀텀 점프할 수 있느냐를 결정한다.

차원조우의 현상을 불교적 관점에서 접근하면, 우리가 판단할 수 있는 것은 우선 '하근기'를 예로 생각해 볼 수 있는데, 하근기는 현재의 차원과 프레임만을 고집하는 자성에의 편집적 집착이 두드러지는 경우라 할 수 있다. 고차원은 저차원을 쉽게 볼 수 있는 반면, 저차원에서 고차원을 목격하는 때는 어쩌다 맥락 혹은 인연조건이 맞아떨어지는 순간에만 잠시 스쳐 지나가듯 보일 뿐이므로 고차원의 전체 모습을 단번에 파악하고, 이해하기란 녹록지 않음을 알 수 있다. 저차원은 자신이 차원[혹은 프레임]이라는 인식의 한계에 갇혀 있는 줄도 모르며, 나아가 자신이 구축한 차원이 만들어 내는 프레임에 집착하는 편향성의 늪에 빠져 있기 십상이다. 하근기의 행동방식을 서술하면, 고차원과의 충돌 속에서 빚어지는 이러한 혼돈과 무질서적 현상을 경험하지만 자신의 한계를 제대로 인식하지 못한 채, 그저 고차원의 모습이 '보인다 혹은 안보인다.' 라거나 혹은 '내가 본 것만이 옳고 다른 모습은 틀리다.' 라는 유무와 시비是非의 분별의 논리에만 빠진다는 사실이다.

자신이 속한 차원과 프레임에의 집요한 고착은 나와 남을 분별하며 자성에의 집착으로 이어진다. 저차원의 세계에만 매달리는 자는, 마치 자신이 속한 차원만이 온전한 세계라는 자성에 편집적으로 고착한 나머지 견혹見惑과 사혹思惑, 진사혹塵沙惑, 그리고 무명혹無明惑의 분별에서 벗어나지 못하고 있는 중생을 지칭한다고 볼 수 있다.

그러나 이와는 다르게 현재의 차원에 머물지 않고, 역설적으로 순간순간 출몰하는 고차원의 모습을 '무가치한 소음' 으로 간주하지 않으며, 오히려 의미 있는 '신호[signal][23]' 로 받아들이는 경우이다. 서로 다른 차원 간의 조우는 필연적으로 차원 각각의 프레임이 부각되는 순간으로, 이를 불교적 관점에서 풀면 프레임의 차이는 중생이 깨달음을 얻기 위해서 극복해야 할 임계점으로서 혹惑이기도 하다. 언듯 목격되는 신호는 자신의 한계를 과감히 돌파하지 않으면 하근기의 저차원에 여전히 머물 수밖에 없음을 알려주는 것으로서 하나의 화두가 던져지는 순간과 다를 바 없다. '번뇌즉보리'를 깨닫게 하는 극적인 기회이기도 하기 때문에 공空을 통한 자성해체의 필연성이 제시되는 시점이다. 차원조우라는 충돌 순간이 함의하는 주요한 메시지는 지금까지 자신을 지탱해온 프레임과 자성自性을 여의고, 미지의 세계, 즉 프레임프리[frame-free]의 무자성無自性 세계로 도약하라는 강력한 단서가 제시되는 계기이기도 한 것이다. 이러한 이유 때문에 '혼돈과 무질서', '번뇌와 혹', '새로운 정보 및 자극', 그리고 '케인즈의 사실'은 기존의 패러다임을 벗어나 패러다임의 대전환(paradigm shift)을 시도하라는 강력한 추동적 압력이라 이해하는 것이 올바른 접근이다.

보살 수행계위에 대해서 대승불교의 경전과 논서의 의견이 한가

---

23) 피파 맘그렌 지음, 조성숙 옮김(2019), 7, 10, 472.: 신호는 과거지향적 데이터에 아직 포함되지 않은 미래에 대한 힌트이고 정보이다. 전문적 식견이라는 미명 하에 좁은 과거의 굴뚝에 푹 파묻힌 채 세상을 파헤치는 행위에는 한계가 있다. 기존의 사유 프레임 하에서는 포착이 불가능한 신호를 살피려 들지 않는다. 사실은 작은 하나의 사건, 미약해 보이는 신호 하나가 일체에 연쇄적으로 파급되고, 그 파급이 세계를 일시에 요동치게 한다. 일즉다, 다즉일의 원리가 그것이다. 성문·연각의 식견으로는 보살이 보는 세계를 제대로 파악하지 못한다. 보살이 등장하는 논리적 배경이기도 하다. 기존의 가치체계가 붕괴되는 신호, 기존의 사유방식에는 들어맞지 않는 신호이기에 무자성·공에 의한 자성의 무자성화라는 해체없이는 정관(正觀)이 여의치 않다.

지로 일치하는 것은 아니며, 여러 가지 계위 체계가 있다.『화엄경』계통의 경전인『보살영락본업경』에서 설하고 있는 10신十信·10주十住·10행十行·10회향十廻向·10지十地·등각等覺·묘각妙覺의 52위의 보살수행계위의 관점으로 비유한다면 십신에서 십주로, 십주에서 십행으로, 십행에서 십지를 거쳐 등각 묘각의 자리에 이르는 수행과정상의 변곡점에서 퀀텀점프를 일으키려면 바로 차원 간의 충돌, 근기 간의 충돌, 프레임 간의 충돌이 발생했을 때 이를 '무가치한 소음'이 아닌 '실마리로서의 신호'로 체득할 수가 있는 '근기 전환력'을 갖추어야만 가능한 것이다. 즉 자아, 자성의 세계를 극복하여 무아, 그리고 무자성의 세계로 나아가는 발판이 될 수 있다. 이것이 차원조우의 불교적 해석인 바, 미혹의 경계에 머물고 있는 중생에게 보이는 저차원의 세계와 각자覺者 부처에게 보이는 고차원의 세계는 비록 현재는 다르지만 수행을 통해 케인즈적 사실이 주는 신호가 상위차원이 제시하는 깨달음의 실마리임을 정관正觀한다면 중생 역시 파사현정破邪顯正의 부처의 세계를 증득할 수 있다는 것으로 비견할 수 있다. 찰나가 강조되는 까닭은 하위차원의 존재가 상위차원을 알아채는 시간이 바로 찰나일 뿐이기 때문이다. 상위차원의 출몰은 찰나에만 보이기 때문에 이를 인식하지도 못하고 모른 채 지나치는 것이 하위차원의 행동 습관이다.

# 04

# 박지원의 『열하일기』와 자성해체

연암 박지원은 자신의 글을 통해서 공자孔子에만 고착된 조선 성리학의 폐해를 지적하면서 케인즈적 사실에 눈뜨기를 간절히 소망하고 있는 모습을 보여주고 있다. 연암은 자성고착에서 헤어 나오지 못하고 있는 당시의 현실을 개탄하면서 무자성화에 의한 자성해체의 필요성, 즉 공관을 통한 자성해체의 필연성을 제시하고 있다. 이를 살펴본다.

"한갓 입과 귀만 의지하는 자와는 배움을 이야기할 것이 못 된다. 하물며 평소 정량正量(생각의 범위)이 미치지 못하는 것에 대해서랴! 공자께서 태산에 올라 천하를 작게 여겼다고 말한다면 속으로는 그렇지 않다고 생각하면서도 입으로는 그렇다고 할 것이다. 그러나 부처가 천하 세계를 보았다고 하면 헛되고 망령되다고 물리칠 것이다. 서양 사람이 큰 배를 타고 지구 뒤를 돌아 나왔다고 하면 괴상하고 헛된 소리라고 꾸짖을 것이다. 나는 누구와 함께 하늘과 땅 사이의 대관大觀을 이야기해야 한단 말인가?"[24]

실학자 연암은 저차원에 머물러 정량情量의 한계에서 벗어나지 못한 채, 오히려 새로운 세상을 인정하지 못하고 있는 당대의 지식인들의 어리석음을 말하고 있다.

'실질적인 일에 나아가 옳음을 구한다.'라는 사실에 입각하여 진리를 탐구하려는 태도를 일컫는 실학파의 실사구시實事求是의 학문방법론은 베이즈 이론의 관점에서 보면, 실實은 케인즈의 사실을 비유한 것으로 볼 수 있으며, 사구事求는 그러한 외부의 사건을 받아들여 반영한다는 뜻이고, 시是는 구해진 새로운 사후확률분포로 정리할 수 있다.

즉, 케인즈적 사실[實]에 입각하여 이를 받아들여[事求] 기존의 고정관념인 사전확률분포를 여의고 재구성하여 새로운 진리[是]인 사후확률분포에 도달한다는 원리와 동일하다. 박지원은 스스로의 정량이 고착되는 것을 여의고 인연조건에 따라 정량의 수준을 부단히 확대·심화시켜야 함을 강조하고 있다. 아래의 글은 위의 글을 적절히 부연·설명하고 있다.

---

24) 박지원(朴趾源 1737-1805), 『열하일기(熱河日記)』「일신수필서(馹汛隨筆序)」, "徒憑口耳者, 不足與語學問也. 況平生情量之所未到乎! 言聖人登泰山而小天下, 則心不然而口應之. 言佛視十方世界, 則斥爲幻妄. 言泰西人乘巨舶, 遶出地球之外, 叱爲怪誕. 吾誰與語天地之大觀哉?"

"흔히 세상에서 가장 높은 산을 말할 때 태산泰山을 거론한다. 태산은 중국의 산둥성에 있는 실제의 산이다. 중국의 5대 명산 중 하나로 그중에서도 으뜸으로 불린다. 중국의 학자들은 높고도 아름다운 산을 이야기할 때면 태산을 자주 호명했다. 중국에 사대事大 정신을 갖고 있던 조선의 선비들은 태산이야말로 세상에서 가장 높고 큰 산이라고 생각하게 되었다. 그리하여 태산은 아주 크고 높은 것을 비유하는 관습적인 말이 되었다. 그런데 태산의 실제 높이는 1천 5백 미터 남짓이다. 실제 태산을 보지 못한 조선인들은 중국의 학자들이 태산을 가장 높고 아름답다고 말을 하니 한라산[1,947m]이나 백두산[2,744m]보다 훨씬 높은, 하늘 끝까지 닿은 산이라 여기게 된 것이다. **곧 태산은 조선 사람들의 관념에서만 존재하는 상상 속의 산이었다.** 실제로 본 사람이 없으니, 태산이 세상에서 가장 높은 줄로만 철석같이 믿고 귀에서 입으로 전해 온 것이다. 그런데 연암은 입과 귀만 의지하는 자와는 배움을 얘기할 것이 못 된다고 말한다. 남한테 보고 들은 것을 자기 생각 없이 그대로 전하기만 할 뿐 조금도 제 것으로 만들지 못하는 배움을 구이지학口耳之學이라고 한다. 『순자荀子』,「권학편勸學篇」은 '소인의 학문은 귀로 들은 것이 입으로 나온다. 입과 귀 사이는 네 치일 뿐이니 어찌 일곱 자의 몸을 아름답게 할 수 있겠는가?'[25]라고 말한다. 평범한 인간은 남으로부터 주워들은 것을 그대로 옮기기만 한다. 백로의 세계

---

25) 김학주(2008), 54, "小人之學也, 入乎耳, 出乎口. 口耳之間 則四寸耳, 曷足以美七尺軀哉?"

만을 경험한 사람은 까마귀의 검은 색이 이상해 보이고 오리의 세계에서만 사는 사람은 학의 긴 다리가 위태로워 보인다. **저 사물은 이상할 것이 없는데 나 혼자 거부하며 화를 낸다.** 이러한 어리석음을 세 가지로 정리할 수 있다. 첫째는 공동체의 신념체계 만을 순응하는 태도이다. 『孟子(맹자)』「盡心(진심)」上상에서는 '공자께서 동산에 올랐더니 노나라가 작아 보였고, 태산에 올랐더니 천하가 작아 보였다.' 라고 했다. 이 말을 두고 누군가 '공자께서 태산에 올랐더니 천하가 작아 보인다 하셨어' 26)라고 한다면 속으론 설마 그랬을까 의심하면서도 입으로는 '응당 그러셨지' 라고 끄덕인다는 것이다. 성인인 공자께서 그렇다고 하셨으니 무조건 끄덕이고 보는 것이다. 두 번째는 다른 사상에 대한 거부감이다. 불경에서는 말하길, 부처는 혜안으로 시방세계十方世界를 두루 보았다고 했다. 이에 누군가 부처가 천하 세계를 보았다고 한다면 사람들은 허무맹랑한 말이라고 비난한다. 공자의 말이나 부처의 말은 온 천하를 다 보았다는 점에서는 같은 취지의 말이다. 그러나 유학의 나라인 조선에서 공자는 성인이고 부처는 이단이다. 그리하여 공자의 말이라면 무조건 옳다고 믿고, 성리학 이외의 사상은 허무맹랑하다고 배척해 왔다. **지식의 실체가 중요한 것이 아니라 누가 말했느냐가 참과 거짓을 구별 지은 것**이다. 세 번째는 자신의 한계적 지식 밖의 세계를 받아들이지 못하는 태도이다. 동양 사회는 전통적으로 하늘은 둥

---

26) 도올 김용옥(2013), 752, "孔子登東山而小魯 登泰山而小天下."

글고 땅은 네모나다는 천원지방天圓地方을 믿어왔다. 그런데 17세기 이후 마젤란의 세계 일주라든가 서양인이 배를 타고 동양에 왔다는 정보가 중국을 거쳐 조선까지 알려졌다. 하지만 대부분의 사람들은 여전히 땅은 네모나서 바다 멀리 나가면 추락한다고 믿었다. 조선 사회가 주자학만을 **절대 진리로 믿을 때 연암은 불교와 장자, 서양 학문도 그 본질에서는 비슷한 진리를 담고 있다고 생각했다.** 사람들이 청나라는 오랑캐라고 욕하며 손가락질할 때 연암은 중국의 뛰어난 문명을 직접 눈으로 보고 저들의 기술을 배워 가난한 조선의 현실을 바꾸고 싶었다. 사람들이 동굴 속의 그림자를 진짜라고 믿으며 살아갈 때 연암은 동굴 밖으로 나와 새로운 세상을 눈으로 직접 보았다. 자신이 직접 보고 깨달은 진실을 들려주고 싶었으나 사람들은 자신의 지식 범위 안의 세계만을 옳다고 고집하며 밖의 세계를 거부했다. '나는 누구와 함께 천지간의 대관大觀을 이야기할까?' 라는 연암의 탄식에는 반복으로 익숙해진 경험의 세계 외에는 인정하지 않는 세상을 향한 답답함이 있다고 하겠다."[27]

윗글에서 연암이 사람들의 어리석음을 설명한 세 가지는 '무조건 끄덕인다.', '다른 사상은 거부한다.', 그리고 '자신 밖의 세계를 수

---

27) 글쓴이 박수밀(2019), 「나는 누구와 대관을 이야기하랴!」, 오백열네 번째 이야기, 고전번역연구원 고전산책.

용하지 못한다.'는 것으로 요약할 수 있는데 이는 자성에의 집착을 상징적으로 표현한다. 연암 박지원이 인용한 정량의 한계란 용어는 생각이 미치는 범위, 즉 뇌의 인지능력을 의미하는 것으로, 앞 절에서 설명한 차원의 관점과 비견하면 저차원의 수준에 머물고 있음을 표상한다.

자신의 한계, 자신의 차원과 프레임 내에서만 머물 뿐이며, 새로운 자극, 새로운 무질서를 야기시키는 케인즈적 사실에 대해서는 수용하지 않는 자성고착의 상태를 설명한다. 박지원은 자신의 정량의 한계를 확대 심화시켜 지금의 자아를 넘어서 무자성의 대아로 넘어가야 한다는 가르침을 설파하고 있음이다. 불교적으로 해석하면 무자성·공에 의거한 자성해체를 통해 변화를 적극적으로 포착하라는 응무소주이생기심應無所住而生其心의 사고가 함의된 가르침이다.

# 05
## 베버-페히너의 법칙과 자성해체

차원의 차이, 확증편향의 경향성, 프레임 고착, 자성에의 집착 등으로 빚어지는 '혼돈과 무질서', '번뇌와 혹', '새로운 정보 및 자극', 그리고 '케인즈적 사실'을 문제해결의 단서로서 제대로 여여如如하게 보기 위해서는 무자성·공에 의한 자성해체의 과정이 필요한데 그 이유를 설명하는 것으로 '베버-페히너의 법칙(Waber-Fechner's Law)' [28]을 예로 들 수 있다. 이는 자극의 강도와 사람의 감각 사이에는 일정한 비례 관계가 존재한다는 것을 설명해 주는 법칙으로, 자극

---

28) https://terms.naver.com/entry.naver?docId=1101370&cid=40942&categoryId=31531 [2022.02.22.], "감각의 양은 그 감각이 일어나게 한 자극의 물리적인 양의 로그에 비례한다'라는, 즉 S=k log I (S 는 감각의 세기, I 는 자극의 세기, k 는 상수)가 되는 정신물리학상의 법칙. 예를 들면 30g의 무게와 31g의 무게를 손바닥에 놓고 겨우 구별할 수 있는 경우에 60g과 61g의 차를 구별하기는 어렵고, 60g과 62g의 차이라면 겨우 구별할 수 있다. 이렇게 감각으로 구별할 수 있는 한계는 물리적 양의 차가 아니고 그 비율관계에 의하여 결정된다는 사실은 19세기의 생리학자 E.H.베버에 의하여 발견되었으므로 베버의 법칙이라고 한다. 이 법칙에 바탕을 두고 물리학자이며 철학자인 G.T.페히너(1801~1885)는 "감각의 양은 그 감각이 일어나게

이 강할수록 자극의 변화를 느끼려면 변화의 차이가 커야 만 분별이 가능함을 알려준다. 사람은 현재 자신의 맥락에 집착하여 이로부터 벗어나기가 상당히 어렵다는 것을 뜻한다. 일상의 사례를 들면, 서울 도심의 가로등 1개의 밝기와 시골의 야경에서 가로등 1개의 밝기는 다르게 느껴진다. 서울에서는 1개의 가로등이 추가되어 본들 큰 차이를 느끼기 어렵다.

반면, 시골에서는 1개의 가로등만 추가 되더라도 밝기가 확연하다. 이처럼 인간의 감각에 영향을 미치는 외부 자극의 강도는 절대적인 것이 아니라 상대적이다. 또 기온이 똑같이 10도 상승하더라도, 북극에서의 10도와 적도에서의 10도는 온도변화의 차이가 다르게 느껴진다. 베버-페히너의 법칙은 돈에 대한 감각에서도 느낄 수 있다. 억만장자에게 100만 원과 거지에게 100만 원이 주는 감각의 차이는 현격하게 다르다.

이렇듯 위의 베버-페히너의 법칙은 역설적으로 왜 사람에게 무자

---

한 자극의 물리적인 양의 로그[對數]에 비례한다"라는 페히너의 법칙을 유도하였다. 이것은 법칙이라기보다는 오히려 베버의 법칙을 참고로 하여 페히너가 제안한 가설이다. 이 가설에 의하면 자극의 강도를 더해감에 따라 감각의 증대율은 점차 약해지게 된다. 베버페히너의 법칙이라고 할 경우에는 이 둘을 가리킬 때도 있고 페히너의 법칙만을 가리킬 때도 있다."

성·공에 의한 자성해체가 필요한지를 알려준다고 볼 수 있다. 자성 해체는 뇌과학의 관점에서는 시냅스 패턴의 해체와 재구성을 의미한다. 자성이 해체된 상황을 뜻하는 무자성·공은 기존의 어떠한 고정관념에도 휘둘리지 않고 개의치 않는 자유자재 그 자체라는 특성을 지닌다.

자성에 집착하는 순간 '작다와 크다.', 혹은 '적다와 많다.' 등의 유무를 분별하고, 어느 한 변에 집착하는 우를 범할 수 있다. 실체가 없기에 작지도 않고 크지도 않고, 적지도 않고 많지도 않으며, 유도 아니고 무도 아니다. 다만 맥락이 만들어 내는 관계에 따라 동시적으로 재구성될 뿐이다. **이렇듯 100만 원의 가치는 절대적이지 않다.** 자신이 부자라는 맥락에 있을 경우라면 적은 돈이지만, 거지의 맥락에 있는 경우라면, 그것은 큰돈이다. **부자 혹은 거지라는 맥락에 따라 달라지는 것이기에 부자 혹은 거지라는 자성집착에서 벗어나야만 100만 원의 돈을 100만 원의 돈으로** 여여如如하게 제대로 본다.

100만 원에 대한 각자의 가치평가는 '지금' 그리고 '여기'에서의 맥락이 만들어 내는 관계로 드러난 가유의 현상 자체일 뿐이며, 그 본질은 공이다. 이는 불교에서 나[아我]를 버려야 여법如法을 본다는 것과 다름이 아니다. 기존의 맥락에서 벗어나지 못하는 한, 우리는 기존의 방식대로 선택하고 결정하며, 그것이 옳다고 판단하는 분별의 우를 범한다. 이미 우리를 둘러싼 맥락과 인연조건이 확연히 달라졌음에도 불구하고 과거의 맥락이 만들어 낸 관계에만 사로잡혀 벗어나지 못하고 있게 된다.

자성고착에서 벗어나게 되면 어떤 통념이나 고정관념에서도 지극히 자유로워지는 자재한 내적 인프라를 구축하게 된다고 볼 수 있다. 사소한 기미, 조짐, 징조, 전조의 변화를 읽어내는 민감한 탐색시스템을 지니게 되고, 차원 간의 미묘한 차이를 읽어내는 감지 능력이 증대될 것이고, 보이지 않는 미래의 실마리를 선제적으로 알아채게 되어, 그 결과로 누구보다도 먼저 신속하게 주변에서 발생되는 신호와 정보의 의미를 해석하고 대응하는 수승한 능력을 발휘하게 된다. 삼라만상의 움직임을 여여如如하게 중생들보다 먼저 보는 내적 인프라가 무자성·공에 의한 자성해체가 되는 이유이기도 하다.

예를 들면, 100명이 관람 중인 극장에서 상영 후 1시간이 지나 화재가 발생하였다고 하자. 출구는 1명씩만 차례로 나올 수 있어 불이 난 후에 움직이면 99명은 죽는다고 한다. 그중에서 제일 먼저 튀어나온 1명만이 살아남는다. 굳이 하인리히의 법칙[29]을 언급하지 않더

---

29) '1:29:300의 법칙' 이라고도 한다. 어떤 대형 사고가 발생하기 전에는 그와 관련된 수십 차례의 경미한 사고와 수백 번의 징후들이 반드시 나타난다는 것을 뜻하는 통계적 법칙이다.

라도 사실, 화재의 조짐은 영화 상영 시작부터 나타난다. 그러나 중생은 불이 보여야만, 누군가가 '불이야' 하고 소리 질러야만 감지한다. 이미 늦었다. 조짐은 단지 조짐일 뿐이지 불이 아니라는 고정된 인식패턴[분별적 사고]이 굳어져 자리 잡고 있기 때문이다. 미미한 조짐을 단박에 알아채는 잠재적 능력의 증대 및 확대를 위해서는 기존의 뇌 회로도인 커넥톰을 해체시키지 않고서는 쉽지 않은 것이 당연하다. 끊임없이 튀어나오는 정보를 여여如如하게 알아채기 위해서 뇌가소성은 늘 민감한 상태를 유지해야 하고, 그것은 자성에의 집착에서 벗어나 있어야 한다는 것과 동등한 의미이다. 해서 불교는 자성집착을 그토록 거부하는 것이며, 자성해체의 핵심인 공空을 절대로 놓을 수 없다.

# 세 번째 강의

# AI(인공지능)과 확률통계학의 베이즈 이론

# 06

# 뇌과학과 AI(인공지능)의 학습방식

인간의 뇌가 어떻게 작동하는지를 연구하는 학문으로서의 뇌과학은 통계학 · 수학 · 물리학 · 화학 · 생물학 등 기초과학 분야는 물론, 의학 · 공학 · 인지과학 등의 학제적 · 융합적 접근을 통해 **뇌의 작동 원리 전반을 포괄적 · 심층적으로 탐구**하는 응용 학문이다. 나아가 뇌가 정보를 처리하는 작동기제作動機制에 대한 이해를 바탕으로 하여, 인간의 두뇌와 유사한 알파고와 같은 **AI(인공지능)를 개발하는 것까지 포함**한다. 뇌과학은 인간의 두뇌가 작동하는 작동기제(mechanism)의 연구를 통해, 인간에 대한 이해를 확대 · 심화시키고, 동시에 뇌 신경망을 모사한 기계학습(machine learning) 및 심층학습(deep learning) 등 인공지능의 새로운 지평을 열어나가고 있다.

"뇌 신경망의 작동기제를 파악하기 위해서는 뇌를 구성하는 신경
세포 뉴런 간의 네트워크를 연결하는 완벽한 지도가 필요하다는 주장
이 제기되었고, 이를 위한 연구가 이미 전 세계적으로 진행되고 있다.

직경 30센티 정도로 추정되는 한 개인의 뇌의 용기는 천억 개의 뉴런(뇌신경세포)으로 구성되어 있다. 길이 1밀리미터인 예쁜 꼬마선충은 300개의 뉴런으로 고작 7,000개의 신경계 연결망을 가지지만, 그 지도를 그리는데 12년 이상 걸렸다. 인간의 커넥톰은 1,000억 배 이상 크며, 인간 게놈의 염기수(뉴클레오티드 수)보다 100만 배 정도 많은 연결을 가지고 있다. 커넥톰(뇌의 지도)에 비하면 게놈(유전자 지도)은 아이들 장난에 불과하다. 1입방밀리미터에는 10억 개의 시냅스가 밀집돼있다. 뉴런들 간의 연결망인 뇌신경망의 신경계神經系 지도는 마치 항공잡지의 뒷표지에서 볼 수 있는 비행기의 항공 노선도처럼 생겼다. 각각의 뉴런의 이름이 세계의 공항명이 되고, 항공지도의 직선들이 도시들 간의 경로를 나타내는 것처럼 신경지도의 직선들은 뉴런 사이의 연결을 나타낸다. 뉴런들이 접촉하는 지점에 시냅스라는 작은 연결공간이 있을 경우, 두 개의 뉴런이 '연결'되었다고 말한다. 이 시냅스는 하나의 뉴런이 다른 뉴런에게 메시지, 즉 정보를 보내는 통로이다. 이같은 전선의 배선도와 유사한 뇌의 신경망 지도를 커넥톰이라 하며, 커넥톰은 뉴런이 어느 뉴런과 연결되는지, 그 모양과 패턴은 어떠한지를 파악해 전체 뉴런들의 연결망(네트워크)을 그린 것으로 일종의 '뇌 배선도' 내지는 '뇌 회로도'라고 할 수 있다. 2006년 처음 개념이 제기되었으며, 관련 학문을 연결체학, 즉 커넥토믹스(Connectomics)라 한다. 신경계에 있는 뉴런들 사이의 연결 전체를 일컫는 커넥톰이란 하나의 연결이 아니라 연결의 총체를 의미하는데 커넥톰이 보여주는 흥미로운 사실은 **우리 각자는 유일무이하다는 것이다.** 서로 다르다는 것, 그것은 뇌의 작동기제가 사람마다 제각기 자신의 특성을 가지고 작동되고 있다는 것을 의미한다. 간단히 말하면 각자의 정신, 혹은 마음이 서로 다른 것은 각자의 커넥톰이 다른 것에서 기인한다. 인간이 태어나는 순간 결정되어버리는 유전자의 차이와 평생에 걸쳐 변화하는 커넥톰의 차이가 결합되어 인간을 각각 유니크한 존재로 만들게 된다. 유전자와 경험, 이 두 가지가 모두 각자의 커넥톰 형성에 영향을 미친다. 각자의 뇌가 어떻게 지금과 같은 모습을 갖게 되었는지를 설명하고자 한다면, 이 두 가지 요인의 개인사적인 영향을 모두 고려해야 한다. 커넥톰 이론은 '당신은 당신의 유전자 이상이다. 당신은 당신의 뉴런들의 활동이며 당신의 커넥톰이다.' 라고 더 간단하게 요약할 수 있다."30)

뇌의 작동기제에 대한 관심은 인간의 역사와 함께 지속되어 왔음을 알 수 있는 기록이 있다. 기원전 5세기 서양 의학의 선구자로 잘 알려진 히포크라테스가 남긴 말이다.

"우리의 기쁨과 즐거움, 웃음과 활력, 슬픔과 비탄, 실망과 애통함은 오직 뇌에서 비롯된다는 것을 알아야 한다. 또한 뇌를 통해 …… 지

---

30) 승현준 지은이, 신상규 옮김(2014), 앞의 책, 12, 16, 19-23, 95.

혜와 지식을 얻고, 보고 들으며, 무엇이 정당하고 부정한지, 좋고 나쁜지, 달고 고약한지 알 수 있다. …… 그리고 바로 이 뇌라는 기관이 우리를 미치고 망상에 빠뜨리고, 두려움과 공포 속으로 밀어 넣는다."[31]

이와 같이 뇌의 작동원리를 언급한 히포크라테스의 설명은 뇌의 신경세포가 외부의 자극에 반응하는 주체로서 대응하는 과정을 통해 신경세포의 결합체라 일컬어지는 뇌의 배선도 커넥톰이 학습하는 과정을 설명하고 있다. 자극을 받기 이전단계의 '사전적' 뇌의 배선회로도가 '사후적' 배선회로도로 전변轉變하면서 재구성되는 과정을 설명한 것으로, 이는 뇌의 신경세포 간의 기존의 작동방식이 외부로부터의 자극에 대응하는 학습 과정을 통해 새로운 정보를 흡수·장착하게 되고, 이로 인해 한층 업그레이드된 사후적 뇌 구조로 바뀌게 되면서 뇌의 대응능력이 한층 개선된 것을 이른다. 자극과 반응을 통해 뇌는 가소성을 기반으로 새로운 뇌 구조로 재구성되는 과정을 지속한다는 의미가 함의되어 있다.

히포크라테스는 자신이 살던 시대의 용어로 비록 포괄적이긴 하나 핵심을 관통하는 선견지명을 보여주고 있다. 사전적 뇌의 배선회

---

31) 마이클 가자니가 지음, 박인균 옮김(2012), 22-23.

로도인 '사전배선도'가 자극을 받아 반응하면서 '사후배선도'로 갱신되는 과정을 설명하는 것과 동일한 원리로 볼 수 있으며, 이는 필자가 언급하고자 하는 베이즈 이론의 원리와 상통한다는 것을 알 수 있는 설명이다.

이제 구체적으로 뇌과학에서 밝혀진 연구의 많은 내용이 인공지능(혹은 인공신경망)의 발전으로 전개되는 과정을 살펴볼 것이다. 이는 인간의 뇌가 사유하는 작동방식이 지니는 특성을 확인하고, 나아가 이것이 불교의 핵심 사유체계를 인공지능의 작동원리인 '베이즈 이론'으로 재해석함으로써, 불교의 중도사유가 함의하고 있는 현대적·과학적 의미를 새로운 각도에서 설명하는 실마리가 될 것으로 기대한다.

"인지과학은 언어, 시각, 기억, 사고 등의 작동기제를 연구하는 분야로, 최초의 컴퓨터인 애니악이 등장했을 무렵 인공지능이라는 분야의 탄생과 함께 태동했다. 당시 새롭게 떠오른 컴퓨터의 영향이 지대했던 탓에, 인지과학 내에서는 마음[혹은 사고작용]을 컴퓨터처럼 보는 시각이 오랫동안 주류를 이루게 되었다. 문턱값을 넘는 세기의 입력이 들어왔을 때만 활동전위를 일으키는 신경세포의 'Yes 아니면 No' 같은 특성이 0과 1을 사용하는 컴퓨터와 비슷하다는 점도 이런 경향을 부채질했다. 그러나 컴퓨터는 코드의 마지막 줄까지 한 방향으로 진행한다. 순차적이고 논리적인 특성을 지니지만, 조건문으로 일일이 이래라저래라 지시하지 않으면 컴퓨터는 설정되어 있지 않은 상황을 만나면 대응하지 못하는 한계를 가지고 있다. 이를 극복하려는 시도가 진행되면서 이제는 뇌의 작동방식을 이해하고 이를 토대로 인공지능을 개발하는 시기로 들어섰다."[32]

인공지능의 단위들은 뇌 속 신경망의 신경세포들과 유사한 방식으로 동작한다. 이를 구체적으로 설명하는 글이 하나의 참고가 될 것이라 생각한다.

"뇌 신경망[33]에서 두 신경세포가 연접하여 신호를 주고받는 부위

---

32) 송민령 지음(2018), 119-122.
33) 김대식 지음(20190, 27-29, "뇌의 신경세포는 세 부분으로 나눌 수 있다. 세포의 몸인 세포체, 세포의 안테나라고 할 수 있는 수상돌기, 수상돌기를 통해서 다양한 정보를 받아들이고, 이를 하나로 합쳐 축삭이라는 살아있는 전깃줄 하나를 타고 다른 신경세포로 전달된다. 그리고 신경세포는 수천 개의 다른 신경세포들과 연결되어 있는데 이러한 연결부위를 시냅스라고 부른다. 한 신경세포가 다른 신경세포와 연결되는 시냅스는 100만~1만 개에 달한다. 신경세포는 아무 일도 일어나지 않는 정지전위 상태를 유지하다가 정보, 즉 전기자극이 들어와서 일정 임계치를 넘어가면 갑자기 폭발하듯이 스파이크(혹은 활동전위)를 한 번 만들고 끝낸다. 문턱의 경계치를 넘으면 뇌 신호는 1이 나오고, 그렇지 않으면 0이 된다. 결국 뇌의 정보처리는 외부에 있는 신호들이 많이 모여 내부의 신호가 특정기준을 넘으면 스파이크라는 신호가 만들어진다는 원리를 바탕으로 하고 있다." : 활동전위 즉 스파이크의 인문학적 의미가 중요한데 이는 이 책에서 강조하고 있는 '케인즈의 사실'에 비견할 수 있다. 그 이유는 이 뇌 안에서 정보를 처리하는 기본 단위인 스파이크의 세기에 의해 뇌의 사고체계가 재구성될 수 있으며, 이로 인해 생각과 행동에 변화가 생기기 때문이다.

를 시냅스라고 부른다. '시냅스 전 신경세포'는 신경전달물질을 시냅스에 분비해서 '시냅스 후 신경세포'에 신호를 전달한다. 시냅스 후 신경세포의 수상돌기를 따라 들어간 자극들은 세포체쯤에서 합쳐지는데, 합쳐진 자극의 총합이 문턱값을 넘으면 '활동전위'가 생겨난다. 활동전위란 신경세포의 세포체쯤에서 시작해서 축색돌기 끝까지 이동하는 전기신호인데, 이 전기신호가 축색돌기 끝에 도달하며 신경전달물질이 시냅스로 분비된다. 들어온 자극 총합이 클수록 활동전위 빈도가 커지고, 더 많은 신경전달물질이 분비되므로, 다음 신경세포에 전달하는 신호가 강해진다. 이때 두 신경세포 간의 시냅스 효율이 좋으면 좋을수록, 시냅스 후 신경세포는 시냅스 전 신경세포에 더 민감하게 반응한다.

〈그림 1〉 신경세포의 구조

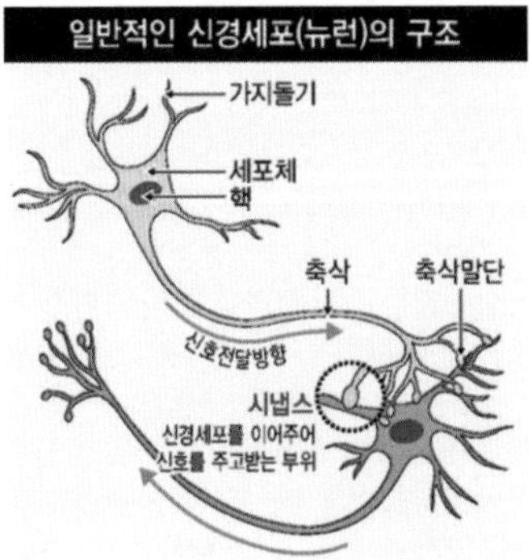

---

34) 송민령 지음(2018), 앞의 책, 122-126.

그리고 인공신경망은 개별단위들로 구성된 층으로 이루어져 있고, 각 단위는 같은 층이나 다른 층의 단위와 연결되어 있다. 뇌 신경망과 유사하게, 인공신경망 다음 층의 단위(시냅스 후 신경세포에 해당)는 이전 층의 단위들(시냅스 전 신경세포에 해당)에서 오는 입력 총합의 크기만큼 출력을 내보낸다. **여기에서 단위들 간의 '연결세기' 는 '시냅스 효율' 에 해당**하며, 연결세기가 강할수록 이전 단위에서 오는 입력에 더 큰 영향을 받는다. 이처럼 각 단위들이 신경세포를 모방한 방식으로 작동하고, 단위들 간의 연결세기가 시냅스 효율과 유사한 방식으로 변하기 때문에 이를 '인공신경망' 이라 부른다.

인공신경망에서 들어오는 입력이 동일하더라도 단위들 간 연결 세기가 다르면 출력이 다르다. 단위들 간 연결 세기를 변화시키면, 같은 입력을 받고도 다른 출력을 내게 할 수 있다. **이것이 인공신경망에서 일어나는 학습의 핵심이다.** 알파고가 여러 대국을 시뮬레이션 하면서 학습할 때 변하는 가장 중요한 요소가 바로 이 연결 세기이다.

이제 이 인공신경망을 학습시키는 과정을 상상해보자. 입력층에 입력데이타를 넣어주면, 연결 세기에 따라서 출력을 낼 것이다. 이 출력결과가 틀리면 다음에는 그 출력을 내지 않는 방향으로, 맞으면 다음에는 그 출력을 더 내기 쉬운 방향으로 연결 세기들을 조금씩 수정한다. **맞는 출력에 기여한 연결 세기들은 강화**하고, 맞지 않는 출력에 기여한 연결 세기들은 약화시킨다. 다양한 입력 데이타를 입력함으로써 동일한 과정을 반복하면서 학습이 이루어진다."[34]

위의 설명에 근거하여 인공신경망의 작동원리를 단계적으로 정리한다면 다음과 같다. 하나, 현재 상태의 입력과 출력 간의 관계를 정확하게 반영하는 연결 세기가 초기 상태로 존재하고 있다. 둘, 기존에 가지고 있지 않던 새로운 사건[자극]을 나타내는 입력 및 출력 데이터가 추가된다. 셋, 추가된 데이터를 반영하는 과정에서 연결 세기가 변화한다. 넷, 새롭게 변화된 연결 세기가 과거와는 다르게 작동한다. 다섯, 위의 단계를 지속적으로 반복한다.

사전적 연결 세기가 케인즈적 사실과 충돌하는 과정을 통해 사후적 연결 세기로 재구성되는 것인데 이는 필자가 앞으로 설명할 베이스 이론이 작동하는 원리와 동일하다는 것이 핵심이다. 아래에 인용된 내용은 이에 대한 부연 설명이다.

> "출력 결과가 정답보다 강하면 해당 출력을 이끌어낸 연결들을 약화시키고, 정답보다 약하면 해당 출력들을 이끌어낸 연결들을 강화시키는 식이다. 이때 출력과 정답 사이의 오차가 크면 연결들의 세기를 많이 변화시키고, 오차가 작으면 조금 변화시킨다. 이런 방식을 오차의 크기에 따라서 학습한다는 측면에서 볼 때에는 오차 기반학습(error-driven learning)이라 부르고, '이게 정답이야'라고 알려준다는 측면에서 볼 때는 감독학습(supervised learning)이라고 부르며, 오답을 줄이고 정답을 더 자주 내도록 강화한다는 측면에서 볼 때는 강화학습(reinforcement learning)이라고 부른다. 이 상식적인 해결책이 지

니는 효과는 무시무시하다. 컴퓨터처럼 조건문으로 일일이 이래라저래라 지시하지 않아도, 오차에 따라 어찌어찌 연결 세기를 조절하다 보면 정답을 출력하는 연결 세기들로 변하기 때문이다. 즉, 문제를 해결하는 능력을 스스로 터득하는 쪽에 가깝다. 빅데이타를 입력시키고 출력이 맞는지 틀리는지만을 알려주면, 인공신경망이 정답과 출력 사이의 오차만큼 연결 세기들을 수정하며 학습해 나간다.

　그러나 인공신경망에는 몇 가지 약점이 있다. 첫째, 설사 신경망이 정답을 도출했다 하더라도, 도대체 어떤 논리로 문제를 해결했는지 개발자조차 알기 어렵다. 신경망이 문제를 해결했을 때 개발자가 알 수 있는 것은 신경망의 구조와 연결 세기들 뿐이다. 각각의 연결 세기와 단위가 무엇을 의미하는지는 다양한 입력에 다른 출력을 보면서 추론하는 수밖에 없는데, 이게 간단하지 않다. 더욱이 장기판에서 말 하나하나의 규칙을 아는 것과 장기를 두는 것이 다르듯이, 인공신경망을 구성하는 각각의 연결 세기와 단위의 의미를 아는 것과 전체로서의 여러 연결 세기와 단위들이 모인 인공신경망의 의미를 아는 것은 전혀 다른 문제이다. 이런 까닭에 알파고의 개발자인 '데미스 하사비스' 조차도 알파고가 왜 그런 수를 두었는지 잘 모르겠다고 할 때가 생기는 것이다. 이러한 점이 명확한 논리에 따라 순서대로 연산하는 전통적 컴퓨터와 대비되는 특징이다. 둘째, 인공신경망에는 빠른 연산 능력과 큰 저장용량이 필요하다. 말 그대로 아주 깊은 인공신경망이 필요한 것이다."[35]

지금까지의 설명과는 또 다른 방식으로 인공신경망의 작동원리를 수리통계학의 회귀방정식[36]의 추정 및 도출 과정과 비교하고, 이 역시 베이스 이론의 논리적 작동구조와 일치함을 설명하도록 하겠다.

관계를 조사하는 통계학에서 가장 많이 이용하는 분석기법 중의 하나가 회귀분석이다. 회귀분석은 여러 관측항목(즉 변량)의 관계를 알기 쉽게 표현해 준다. 2변량의 상관관계를 수식으로 나타낸 것이 단순회귀분석인데 특히 많이 이용되는 것이 선형 단순회귀분석이다. 선형 단순회귀분석은 2변량 X, Y의 관계를 1차식으로 나타낸다. $Y = aX + b$의 형식을 취한다. 또한 다중 회귀분석이란 3변량 이상의 자료에 대해 1변량을 나머지 다른 변량의 식으로 표현하는 분석법이다. $Y = aX_1 + bX_2 + cX_3 + d$ 이와 같은 형식이다. 이 책에서는 다중 회귀방정식을 예로 들어 설명하고자 한다. Y라는 종속변수를 독립변수 $X_1$, $X_2$, $X_3$로 설명하고자 하는 것으로, 종속변수와 독립변수 간의 상

---

35) 송민령 지음(2018), 앞의 책, 126-128, 130.
36) 이 책에서는 회귀방정식을 도출하기 위한 통계학의 정교한 가정이 목적은 아니다. 인공지능의 작동기제를 설명하기 위한 방편으로 제시하는 것이며, 또한 이것이 베이스의 이론과 연결되는 실마리를 잡아내기 위해서 인용하는 것이기에 통계학에서 정하고 있는 회귀분석의 기본가정이 논의되는 것은 적절지않다고 판단한다. 그러나 참고로 회귀분석이 가정하는 몇 가지조건을 제시하면 다음과 같다. 1. 선형성과 관련된 가정으로 오차항은 모든 독립변수 값에 대하여 동일한 분산을 갖는다. 2. 정규성에 대한 가정으로 오차항의 기대값은 0이다. 3. 통계 데이터의 확률분포는 정규분포를 가정한다. 4. 독립변수 상호간에는 상관관계가 없는 독립성을 전제한다.

호 매칭되는 빅데이타를 가지고 아래의 다중 회귀방정식의 회귀계수
인 a, b, c, d의 값을 도출해 내는 과정이다.

회귀방정식 $Y = aX_1 + bX_2 + cX_3 + d$

이를 위한 과정으로 상기의 회귀방정식에 n개의 빅데이타(i)를 적용
시키는 과정이 필요하므로 이를 구체적으로 반영한 종속변수(Y)와 독
립변수(X) 간의 상호관계식을 아래와 같이 정리할 수 있다.

$$Y_i = a_i X_{1i} + b_i X_{2i} + c_i X_{3i} + d_i \ (i = 1\text{번째} \sim n\text{번째 빅데이타의 집합})$$

상기 회귀방정식에 i번째 빅데이타 집합에 따라 즉, i의 값이 i=1,
2, 3, 4, ......, n에 따라서 회귀방정식의 상관계수인 a, b, c, d의 값이
n개가 결정된다. 이에 따라 회귀방정식의 계수는 〈표 1〉로 정리할
수 있다. 독립변수(X1, X2, X3)와 종속변수(Y)간의 상호관계를 규정
하는 빅데이타가 주어짐에 따라 상호관계의 방향성과 강도세기를
알려주는 상관계수(a, b, c, d)의 값이 결정된다. 독립변수(X1, X2,
X3)와 종속변수(Y)간의 빅데이타가 변함에 따라 상관계수(a, b, c, d)
의 값도 변하기 때문에 **상관계수(a, b, c, d)의 값은 임시로 결정된다
는 특성**을 갖게 된다.

예를 들어, 연도별로 독립변수(X1, X2, X3)와 종속변수(Y)간의 새

로운 맥락을 나타내는 추가 정보라는 빅데이타 값이 제시되는 경우, 이에 맞춰서 상관계수(a, b, c, d)의 값은 지속적으로 변화하는 다미 차별의 특성을 지닌다. 다중 회귀방정식이라는 틀(Frame), 즉 독립변수(X1, X2, X3)와 종속변수(Y) 간의 관계와 상호의존성의 모델 형식은 있는 그대로, 여여如如하게 유지되지만, 그 구체적 작용의 방향성과 강도의 세기를 나타내는 **상관계수(a, b, c, d)의 값은 지속적으로 제각기 무량한 변화**를 한다. 이를 체體 · 상相 · 용用[37]의 관점에서 해석하자면, 다중 회귀방정식이라는 틀(Frame)은 상호의존의 관계 자체를 의미하는 것으로서 본체의 다른 표현이며, 빅데이타가 변화할 때마다 지속적으로 수치가 바뀌는 상관계수(a, b, c, d)는 가유의 상相으로 비견할 수 있고, 상관계수(a, b, c, d)의 구체적으로 선택된 실측치 값은 작용作用의 다른 표현이다. 독립변수(X1, X2, X3)가 있으므로 해서 종속변수(Y)가 있고, 종속변수(Y)가 있음으로 하여 독

---

37) 미조구찌 유우조 · 마루야마 마쯔아키 · 이케다 도모하사 지음, 김석근 · 김용천 · 박규태 역 (2003), 261-264. :체용이 철학개념으로 사용될 때 기본적으로 두 가지 의미를 가진다. 하나는 본질(體)과 그 구체적인 현현(用)이라는 의미이고, 다른 하나는 형태와 그 기능 및 속성을 뜻한다. 어떤 경우든 본래는 동일한 하나를 두 가지 원리로 나누어 본다는 성격이 기본적으로 존재한다. 이 책에서는 대승기신론의 삼대(三大)(체상용)을 준용하여 체는 다중회귀방정식이라는 틀 자체로 규정하며, 상은 빅데이타를 입력시키면서 계산되는 무량한 상관계수의 값으로 정의하며, 용은 무량한 계수의 값 중에서 지금 적용되는 어느 특정한 하나의 선택된 수치를 가리키는 것으로 해석한다.

립변수(X1, X2, X3)가 있다. 그리고 이들 변수 간의 관계는 시시각각 상관계수(a, b, c, d)로서 상相 · 용用로 드러난다.

다시 말하면 관계를 보여주는 회귀방정식이 형태의 본체本體는 유지하지만, 한편으로 상호관계의 방향성과 상호 간의 영향력의 지표로서의 상相인 상관계수(a, b, c, d)는 상황과 맥락이 반영됨에 따라 지속적으로 변화하면서 특정순간 구체적 실측치의 값으로 결정됨으로써 용用으로서 작용作用한다.

예를 들어 설명하겠다. 자연은 있지만 멈춰있지 않고 변화한다. 마찬가지로 인간도 존재하지만 멈춰있지 않고 변화한다. 자연은 사계절의 함수로 정의 할 수 있다. 즉 자연이란 봄과 여름, 그리고 가을 겨울이라는 독립변수의 결합으로 구성된 회귀방정식의 종속변수로 간주할 수 있다. 그리고 자연과 사계절의 상관관계를 알려주는 것이 상관계수인 것이다. 사계절이 발현하는 시기는 예를 들어, 2001년, 2002년, 2003년의 시간이 흐름에 따라 해마다 조금씩 다른 시점에서 나타난다는 것을 잘 알고 있다. 어느 때는 같은 봄이라도 일찍 봄이 오기도 하고, 어느 때는 늦게 겨울이 오기도 해서 철 지난 눈이 내리기도 한다. 이로부터 자연이라는 종속변수는 사계절의 조화를 알려주는 상관계수의 값에 의해 구체적으로 드러난다.

이상의 설명에 근거하여 다중 회귀방정식의 작동원리를 단계적으로 정리한다면, 1단계, 현재 상태의 독립변수(X1, X2, X3)와 종속변수(Y) 간의 기존의 초기관계를 정확하게 반영하는 상관계수(a, b, c, d)가 정해진 수치로 존재하고 있다. 2단계, 기존에 접하지 못했던 새로운 케인즈적 사실[사건, 사태, 자극]을 의미하는 독립변수(X1, X2, X3)와 종속변수(Y) 간의 상관관계를 알려주는 빅데이터가 새롭게 발생 된다. 3단계, 2단계에서 추가로 발생된 빅데이터를 기존의 회귀방정식에 추가시키면 상관계수(a, b, c, d), 즉 상호관계 및 상호작용의 방향성과 강도의 세기를 말해주는 기존의 수치가 새로운 값으로 변화한다. 4단계, 새롭게 변화된 상관계수(a, b, c, d)의 수치에 근거하여 과거의 방식, 기존의 틀과는 다르게 세계를 해석하는 새로운 회귀방정식이 작동한다. 5단계, 독립변수(X1, X2, X3)와 종속변수(Y) 간의 빅데이타가 변경되는 사실[사건, 사태, 자극]이 제시되는 순간마다 위의 과정을 지속적으로 반복·갱신하는 과정을 수행하며, 그 결과로 새롭게 얻어진 회귀방정식이 새로운 환경에 대응하고 대처해 나간다. 이는 마찬가지로 초기의 회귀방정식을 사전확률분포로 비유하고, 새로운 빅데이타의 발생을 케인즈 사실로 비유, 그리고 변경된 회귀방정식을 사후확률분포로 비견할 수 있다는 점에서 본서에서 앞으로 설명할 확률통계학의 베이스 이론의 작동원리와 동일하다는 것이 핵심이다.

〈표 1〉 다중 회귀 방정식의 상관계수 추정

| 구분 | 다중 회귀방정식 계수 | | | |
| --- | --- | --- | --- | --- |
| | $X_1$ | $X_2$ | $X_3$ | 상수항 |
| $Y_1$ | $a_1$ | $b_1$ | $c_1$ | $d_1$ |
| $Y_2$ | $a_2$ | $b_2$ | $c_2$ | $d_2$ |
| $Y_3$ | $a_3$ | $b_3$ | $c_3$ | $d_3$ |
| · | · | · | · | · |
| $Y_n$ | $a_n$ | $b_n$ | $c_n$ | $d_n$ |

# 07

# 인공지능의 최근 사례

'기계가 사람을 이겼다.' 지난 2016년 서울의 포시즌스 호텔에서 세계의 이목이 집중되는 사건이 발생했다. 인공지능 알파고와 인간 이세돌 간의 바둑 대결로, 구글 딥마인드(Google DeepMind)가 개발한 바둑 프로그램 알파고와 인간 최고의 실력자로 평가받던 이세돌 9단과의 숨막히는 대결은 잘 알려져 있다. 동년 3월 9일부터 10, 12, 13, 15일 열린 5번기 대결로, 결국 구글 딥마인드가 개발한 인공지능 바둑 프로그램인 알파고(AlphaGo)가 이세돌 9단에 4 대 1로 승리하였다. 이는 인간이 만들어 낸 인공지능 기술의 수준이 마침내 인간을 능가하는 지능을 만드는 수준까지 성장했다는 사실을 확인시키는 것은 물론이고, 인간을 위협할 수 있다는 우려마저 증폭시키는 충격 자체이기도 했다. 이는 인공지능의 미래를 상징하는 용어로서 인공지능이 인간 지능을 넘어서는 시점 즉 기술적 특이점(Technological singularity)[38]에 대한 논의를 다시금 불붙이는 상황을 만들기도 했다.

인공지능은 특정한 형태로 작성된 알고리즘, 즉 프로그래밍 코드일 뿐이다. 프로그램의 사전적 정의는 '특정 업무를 수행하기 위해 컴퓨터에 입력해야 하는 지침들의 총합'이다. 프로그램은 다르게 표현해 '알고리즘'이라 부르기도 한다. 알고리즘의 사전적 정의는 '계산 같은 문제해결을 위해 필요한 유한한 규칙들의 총합(a set of rules to be followed in calculations or other problem-solving operations)'이다.

전문가들에게 인공지능이란 기본적으로 '공부하는 기계', 즉 기계학습(Machine Learning) 코드다. 인간이 학습하는 방식이 다양하듯 기계학습에도 다양한 방식이 있다. 그 가운데 대표적인 것이 잘

---

38) https://terms.naver.com/entry.naver?docId=3346960&cid=42107&categoryId=42107 [2022.02.22.], "특이점[singularity]은 인공지능이 비약적으로 발전해 인간의 지능을 뛰어넘는 기점을 말한다. 컴퓨터 중앙처리장치의 내장형 프로그램을 처음 고안한 미국의 수학자 존 폰노이만, 영국의 컴퓨터 과학자이자 수학자인 앨런 튜링, 미국 컴퓨터 공학자인 버너 빈지 등이 이 개념을 발전시켜 왔다. 그러나 이에 대해 가장 구체적인 전망을 한 사람은 미국 컴퓨터 과학자이자 알파고를 개발한 구글의 기술부문 이사인 레이먼드 커즈와일이다. 커즈와일은 2005년 저서《특이점이 온다》를 통해 2045년이면 인공지능(AI)이 모든 인간의 지능을 합친 것보다 강력할 것으로 예측하면서 인공지능에 대한 우려를 나타냈다. 즉 2045년이 되면 인공지능이 만들어낸 연구 결과를 인간이 이해하지 못하게 되며 이는 인간이 인공지능을 통제할 수 없는 지점이 올 수도 있는데 그 지점이 바로 특이점인 것이다." ; 장동선 지음(2022), 33, "많은 사람이 초지능 출현을 부정적으로 보는 경향이 있지만 특이점을 처음 이야기한 미래학자 레이 커즈와일은 사실 인공지능이 인간을 위협하는 방향으로 진화하지 않을 거라고 믿는다. 그가 말한 특이점은 많이 알려진 것처럼 인공지능이 인간을 넘어서는 순간이 아니라 인공지능과 인간이 서로 구분할 수 없을 만큼 하나가 되는 순간을 지칭한다. 책에서 그는 이렇게 말한다. '나는 인공지능과 인간의 두뇌가 자연스럽게 하나가 될 것이라고 본다.'"

알려진 '딥러닝(Deep Learning)'이다.[39]

본 장에서는 소프트웨어, 인공지능, 머신러닝으로 일컬어지는 기계학습, 그리고 심화학습으로 지칭되는 딥러닝의 상호 간의 차이를 간략히 살펴본다.


## 1) 머신러닝과 딥러닝

머신러닝이란 인간이 규칙을 알려주지 않고 컴퓨터 스스로 주어진 데이터에서 규칙을 만들어내는 기술을 말한다. 그러나 아무것도 없는 상태에서 규칙을 구축하지는 못하고 오히려 사람이 제공한 불완전한 규칙에 대해 사람이 제공한 데이터를 바탕으로 스스로 더 나은 규칙으로 수정해 나간다는 표현이 더 적절하다. 아무것도 없는 백지상태에서 데이터만 집어 넣어주면 규칙을 구축해 주는 마법과 같은 방법이 아니다.

또한, 주어진 데이터를 바탕으로 더 나은 규칙으로 수정해야 하므로 머신러닝을 진행할 때는 그만큼의 대규모 데이터가 필요하다. 그

---

39) 장동선 지음(2022), 9, 57.

리고 주어진 데이터는 문제에 맞는 내용, 즉 데이터는 해당 문제에 특화된 것이어야만 한다. 사람이 제공한 불완전한 규칙에 대해 컴퓨터로 하여금 사람이 제공한 데이터를 바탕으로 스스로 더 나은 규칙으로 수정하도록 하는 행위를 머신러닝에서는 '학습'이라고 말한다. 아래는 이를 요약 설명한다.

"사회 전반을 지탱하는 대부분의 소프트웨어는 전문 개발자의 알고리즘 개발과 코딩작업으로 만들어졌다. 윈도10 운영체계의 소스코드는 5,000만 줄이다. 구글은 20억 줄의 소스코드를 이용하여 검색, 지도 등의 서비스를 제공한다. 소프트웨어 기술에는 인공지능 이외에도 많은 기술이 있다. 컴퓨터를 효율적으로 작동시키는 운영체계 기술, 프로그램 작성을 가능하게 하는 프로그램 언어 기술, 인터넷을 운영하는 네트워크 기술 등을 나열할 수 있다. 그러나 모든 소프트웨어 기술을 인공지능 기술이라고 하지 않는다. 지능적 행동을 구축하는 기술만을 AI 인공지능이라고 한다고 했다. 따라서 인공지능은 여러 소프트웨어 기술의 하나일 뿐이다. 그중의 하나인 기계학습은 데이터나 경험을 통해서 스스로 능력을 향상시키는 기법을 일컬으며, 더 나아가 복잡한 구조의 고층 인공 신경망을 훈련시킬 수 있는 방법론이 대두되게 되는데 이런 방법론을 묶어서 딥러닝이라고 한다. 즉 딥러닝은 고층 인공 신경망을 훈련시킬 수 있는 기계학습 방법의 하나이다. 이들의 관계를 부등호不等號 연산기호로 표시하면 '딥러닝≤기계학습≤인공지능≤소프트웨어'의 순서로 정리된다고 하겠다."[40]

"아이러니하게도 실제로 인공지능이라는 말을 사용하는 사람들조차 'AI란 무엇인가?' 라는 질문에 제대로 대답할 수 있는 사람이 적은 것이 현실이다. AI란 컴퓨터상에서 인간의 지능을 재현한 것, 또는 재현하기 위한 기술을 의미하지, 우리들의 집이나 사무실에 있는 데스크탑이나 노트북 컴퓨터를 인공지능 컴퓨터라고 하지 않는다. 즉, 인공지능이란 단순한 계산 기능뿐만 아니라 어떤 창조적인 처리기능을 갖추고 있어야 한다. 달리 표현하면, 인공지능이란 인간이 미리 알려준 지식이나 정보가 없다 하더라도 그 이상의 일을 추측하고 예측할 수 있어야 한다."[41]

"머신러닝이란 미리 제공된 데이터에서 패턴과 규칙을 컴퓨터 스스로 추출하는 기술을 말한다. 이 기술이 등장하면서 컴퓨터 스스로 생각할 수 있게 된 것이라 할 수 있다. 머신러닝의 기술이 없었을 때는 미리 '만약 X는 Y' 라는 규칙을 컴퓨터에 입력해 두면 컴퓨터가 그 규칙에 따라서 X를 입력하면 Y로 대응한다. 그리고 미리 입력하지 않아 규칙에 없는 Z가 입력되면 당연히 컴퓨터는 대응하지 못한다. 반면 머신러닝이라는 기술을 활용하면 'X는 Y' 라는 정보만 제공해도 Z라는 미지의 입력 내용에 컴퓨터가 스스로 생각하고 응답할 수 있다. 이같이 머신러닝은 사전에 제공되는 다양한 빅데이터 정보를 학습하도록

---

40) 김진형 지음(2020), 46-48.
41) 오니시 가나코 지음, 전지혜 번역(2020), 10-12.

한 후, 그 결과를 이용하여 새로운 상황을 예측하는 기술이라 할 수 있는데 기본적으로는 인간이 규칙을 알려주지 않고 컴퓨터 스스로 주어진 빅데이타에서 규칙을 만들어낸다는 점이 변하지 않는 근본적인 개념이다."[42]

이같은 원리가 시사하는 바는 기존의 지식체계에만 머물러 있는 것이 아니라, 맥락과 인연조건이 변화하면 그 정보를 통해 학습하고 이에 근거하여 스스로의 의사결정방식의 기준자체를 변화시키는 작동기제를 장착하고 있다는 것을 뜻하며, 불교적으로 표현하면, 인연조건의 변화가 만들어 내는 관계가 재설정되는 찰나찰나의 순간에도 무자성·공의 관점에서 자성을 해체하여 스스로를 새로운 깨달음의 세계로 업그레이드 시킨다는 의미로 해석할 수 있다. 마치 대승경전의 보살수행의 단계로 잘 알려진 10신信·10주住·10행行·10회향回向·10지地·등각等覺·묘각妙覺으로 수행단계가 올라가는 것처럼 사유의 수준을 높혀가는 과정과 다름이 아니라 하겠다. 인공지능이 맥락이 만들어 내는 관계의 변화를 반영하며 스스로 학습하는 가변적인 유연성을 지닌다는 점에서 불교의 무자성·공의 사상과 맥이 닿아있음을 알 수 있다.

---

42) 오니시 가나코 지음, 전지혜 번역(2020), 앞의 책, 44-45, 47.

## 2) 알파고 시리즈의 사례

알파고(AlphaGo) 시리즈[43]는 구글의 딥마인드가 개발한 인공지능(AI) 바둑 프로그램이다. 2015~2017년 프로토타입 버전인 '알파고 판', '알파고 리', '알파고 마스터'가 공개되었고, 2017년 10월에 최종 버전인 '알파고 제로'를 발표하였다. 2018년 12월에는 바둑을 포함한 보드게임에 적용할 수 있는 범용 인공지능 '알파 제로(Alpha Zero)'를 발표하였다.

〈표 2〉 알파고 시리즈의 비교

| 시리즈명 | 전적 | 엘로(Elo)[44] | 하드웨어 | 학습방식 |
|---|---|---|---|---|
| 알파고판 (AlphaGo Fan) | 2015년 판후이 2단과 대국에서 승리 | 3,144 | 176개의 GPU (그래픽 연산 전용프로세서)가 사용된 분산 버전 | |
| 알파고 리 (AlphaGo Lee) | 2016년 3월 이세돌 9단과 대국에서 승리 | 3,739 | 48개의 TPU (인공지능용 칩)가 사용된 분산 버전 | 16만건 인간 바둑 기사들의 기보 데이터를 학습하는 '딥러닝'[45]과 이를 기반으로 스스로 바둑을 두며 실력을 쌓는 '강화학습'을 통해 바둑을 배웠다 |

| 알파고<br>마스터<br>(AlphaGo<br>Master) | 2017년 5월<br>커제 9단과의<br>대결에서도<br>승리 | 4,858 | 4개의 TPU<br>(인공지능용<br>칩)가 사용된<br>단일 버전 | 학습에 필요한<br>시간이 기존의<br>3분의 1로<br>단축되었다.<br>역시 기보를 통해<br>학습하는 과정을<br>거쳤다. |
| --- | --- | --- | --- | --- |
| 알파고 제로 | 2017년 10월<br>19일 과학 학<br>술지 네이처<br>에 '인간 지식<br>없이 바둑을<br>마스터하기<br>(Mastering<br>the game of<br>Go without<br>human<br>knowledge)'<br>라는 제목의<br>논문 발표를<br>통해 소개 | 5,185 | 4개의 TPU(인<br>공지능용 칩)<br>가 사용된 단<br>일 버전으로<br>알파고의 최종<br>버전 | 알파고 제로는<br>인간의 기보에<br>의존하는<br>지도학습 없이<br>오직<br>바둑 규칙만으로<br>스스로 독학학습<br>하며 바둑이치를<br>터득. |

---

43) https://ko.wikipedia.org/wiki/%EC%95%8C%ED%8C%8C%EA%B3%A0[2022.02.22.]

44) 엘로(Elo)는 미국의 물리학 교수이자 체스 플레이어인 아르파드 엘뢰(Arpad Elo) 박사가 체스
에서 플레이어들의 실력을 표현하기 위해 만든 레이팅으로 바둑실력을 수치화한 점수로서 클
수록 고수.

45) 딥러닝은 머신러닝(기계학습)과 대부분이 유사하지만 차별되는 두 가지 큰 특징은 데이터에
내재된 특징을 사람이 개입하여 추출하지 않고, 데이터 전체를 학습시킨다는 것과 또 하나는
주로 인공신경망 구조를 사용하여 학습한다는 점이다. 즉, 딥러닝 기술을 적용하면 사람이 모
든 판단 기준을 정해주지 않아도 컴퓨터가 스스로 인지 · 추론 · 판단할 수 있게 된다.

## 3) 알파고 제로의 학습방식과 불교적 의미

한마디로 알파고 제로를 정의하면 인간의 한계를 뛰어넘어버린다는 것이라 할 수 있다. 알파고는 인간의 기보棋譜에 의존하는 지도학습 없이 바둑 규칙만으로 스스로 독학 학습하며 기력棋力을 향상시키는 방식인데, 그 전적은 학습 36시간 만에 '알파고 리'의 수준을 능가하였고, 72시간 만에 '알파고 리'와 대국에서 100승 하는 동안 패하지 않았으며, 40일 후 '알파고 마스터'와 대국에서는 89승 11패를 기록한 것으로 알려져 있다. 이 기간 동안 알파고 제로는 2,900만 번의 '자가대국'을 진행하며 학습하였다고 한다. 이와 같이 **빅데이터 학습이 필요 없는 인공지능의 등장**은 바둑과 달리 빅데이터 확보가 어려워 인공지능을 활용하기 어려웠던 분야에 해결책을 제시했다는 점에서 의미가 있다. 제로(Zero)라는 이름에 걸맞게 무無에서 시작해 유有를 만들었다.

한국전자통신(ETRI)은 "알파고 제로는 한 수를 둘 때 10만 번씩 시뮬레이션하던 기존 알파고 리의 방식을 버렸다. 독학을 통해 스스로 바둑의 이론을 만들고, 이를 토대로 인간처럼 신중하게 한 가지의 수를 둔다."고 말했다.

또한 "인간이 만든 기존 바둑 이론을 버렸기 때문에 알파고 제로가 오히려 똑똑해진 것이라며 수천 년간 인간과 함께 축적된 바둑이론이 오히려 창의적인 새로운 '수'의 탄생을 막았을 수도 있다는 것이 알파고 제로를 통해 증명된 것"이라고 설명했다.[46]

인간의 기보棋譜에 의존하는 지도학습 없이 바둑 규칙만으로 스스로 독학 학습하는 알파고 제로는 무수한 시행착오를 거쳐 오히려 최고의 인공지능으로 탈바꿈한다. 아이러니하게도 알파고 제로가 바둑을 가장 잘 두게 된 비결은 "인간이 만든 기존의 바둑이론을 버렸다."라는 것에 있음을 알 수 있다. 지금까지의 인공지능은 인간 전문가들의 결정을 따라 하도록 만들어진 일종의 '지도학습 시스템(supervised learning system)'으로 인간의 한계를 벗어날 수 없었다.

알파고 제로가 사전적으로 정의된 기보[지식]에 고착하여 분별하지 않고, 기보[사전지식,인간의 한계]라는 자성을 해체한 후 새로운 정보를 발전의 동력으로 전환시켜, 스스로를 지속적으로 변모시켜 나가는 동적변환의 과정은 베이즈 이론의 '사전확률-추가사건 - 사후확률'의 체계와 정확히 일치하는 원리이다.

---

46) 동아사이언스, 2017년 10월 19일, [http://m.dongascience.donga.com/news.php?idx=20142] [2022.02.22.]

또한 알파고의 학습방식에는 불교의 '번뇌즉보리'의 원융중도적 사고가 바탕에 있음을 알 수 있는데 이를 판단할 수 있는 근거가 2016년 구글 딥마인드(Google DeepMind)가 개발한 바둑 프로그램 알파고와 인간 이세돌 9단과의 대결의 추진동기에서 나타난다. 알려진 대로 구글 딥마인드가 개발한 인공지능 바둑 프로그램인 알파고가 이세돌 9단에 4 대 1로 승리한 것은 잘 알려진 사실이다. 사실 구글 딥마인드는 동 게임을 위해 적지 않은 비용을 투자한 셈인데 그 이유의 하나는 알파고의 단순한 승리를 위해서라기보다는 알파고가 지니고 있을지도 모르는 약점, 즉 불교적으로 표현하면 번뇌의 근본 원인을 잡아내기 위함이 아니었을까 한다. 이세돌이라는 인간을 통해서 알파고가 지니고 있는 단점을 찾아내고 이를 보완하고자 하는 목표가 그 이면에 숨어 있었을 것이다라는 추측이다.

단점을 탐구하는 것이 곧 완벽에 도달하는 길이기에 이를 불교적 관점으로 해석하면, '번뇌즉보리'와 통하게 됨을 알 수 있다. 이는 '공・가・중'의 원융중도 원리를 작동시키는 것과 상통한다고 볼 수 있는데 공空은 사전지식의 무자성・공에 의한 해체라는 점에서 뇌과학적으로는 뇌가소성으로 비견되며, 가假는 혼란・무질서를 발생시키는 새로운 번뇌[혹]라는 점에서 추가사건이며, 중中은 반복적으로 번뇌를 사후지식화하여 최적의 선택을 하는 동적 변환시스템으로 배대할 수 있다. 알파고가 바둑돌을 놓는 방법은 먼저 광범위한 탐색 과정을 거친 뒤 시간이 지남에 따라 최적의 수를 다듬어 결정하는 방식으로 설명할 수 있는데 이는 공관에 의해 자성을 해체한 후 모든 가능성을 고려하여, 그 가운데서 최적의 맥락을 선택해 나가는 의사결정 방식이라는 점에서 중도적 사유체계와 상호 연결되는 로직을 공유한다는 생각이다.

# 08

# 확률통계학의 베이즈 이론

뭉크의 잘 알려진 그림 뭉크의 '절규[The Scream]'는 베이즈 이론의 개략적 개념을 유추하기에 적절한 사례이다. 뭉크의 'The Scream'은 불안의 전형적인 상징으로 잘 알려져 있다. 이 그림은 우리의 뇌가 어떻게 작동하는지를 알려주는 하나의 단서가 된다고 말할 수 있다. 뭉크가 그 작품의 밑단에 밝혔듯이 'The Scream'은 귀를 막고 있는 공포에 질린 개인이 지르는 소리가 아니라, 주변에서 들리는 괴기스런 'The Scream'이다.[47] 그 소리를 듣지 않으려고 그 소리

---

47) https://blog.britishmuseum.org/10-things-you-may-not-know-about-the-scream/ [2022.02.22.], "The actual scream, Munch claims, came from the surroundings around the person. The artist printed 'I felt a large scream pass through nature' in German at the bottom of his 1895 piece. Munch's original name for the work was intended to be The Scream of Nature. The figure is trying to block out the 'shriek' that they hear around them (the work's Norwegian title is actually 'Skrik'). The figure appears featureless and un-gendered, so it is de-individualised - and is perhaps one of the reasons why it has become a universal symbol of anxiety."
48) https://blog.britishmuseum.org/10-things-you-may-not-know-about-the-scream/ [2022.02.22.].

로부터 벗어 나려고, 두 번 다시 그런 소리를 듣지 않으려는 몸짓이 표현되어 있는 그림이다. 인식론적인 관점에서 베이즈 이론으로 비유하자면 아무 일 없이 다리를 건너던 순간은 '사전확률분포'가 지배하던 세계이고, 갑자기 들이닥친 'The Scream'은 새로운 추가 정보[혼란·무질서, 번뇌·혹, 케인즈적 사실]를 상징하며, 두 손으로 귀를 막으려는 인간의 몸짓은 재구성된 '사후확률분포'를 상징한다는 해석이 가능하다. 이제 베이즈 이론의 원리를 알아보고, 사례분석에 대해 알아보겠다.

〈그림 2〉
Detail from Edvard Munch (1863 - 1944),The Scream. Lithograph, 1895. Private collection, Norway. CC BY 4.0 The Munch Museum.[48]

## 1) 베이즈 이론의 원리 및 공식

베이즈 정리는 1740년대 영국에서, '우리 주변 세상의 증거에 기초해 과연 신의 존재에 대한 합리적인 결론을 내릴 수 있을까?'라는 뜨거운 종교적인 논쟁 속에 탄생했다.[49] Thomas Bayes[50]가〈확률의 사고법에 있어서 어떤 문제의 해법에 관한 고찰〉이라는 제목의 논문에서 발표한 이론인데 '베이즈 추정'이 이루어지는 과정은 '초기의 주어진 사전확률분포를 정보에 의거해 사후확률분포로 베이즈 갱신하는 것이다.'라고 정리할 수 있다.[51] 이를 풀어서 설명하면, 실험자는 어떤 실험 결과에서 나온 기존의 방식으로는 설명하기 어려운 새로운 사실과 정보를 이용하여 어떤 사건의 초기의 확률분포를 사후에 재구성시킬 수 있는데, 여기서 초기의 주어진 확률은 '사전확률분포'라 하고, 개선된 확률을 '사후확률분포'라고 하며, 이러한 확률의 개선을 이룩하는 것이 '베이즈 추정' 혹은 '베이즈 이론'이다. 아

---

49) 샤론 버치 맥그레인 지음, 이경식 옮김(2013), 9.
50) https://ko.wikipedia.org/wiki/%ED%86%A0%EB%A8%B8%EC%8A%A4_%EB%B2%A0%EC%9D%B4%EC%A6%88. [2022.02.22.] ; "토머스 베이즈(1701년~1761년)는 잉글랜드의 장로교 목사이다. 확률론의 베이즈 정리를 최초로 서술하였으며, 이는 훗날 베이즈 확률론의 시초가 되었다."
51) 고지마 히로유키 지음, 장은정 옮김(2017), 31.

래 그림은 베이즈 추정의 과정을 도표화한 것이다.

<그림 3> 베이즈 추정과정

베이즈 이론의 이면에는 불확실성을 다루는 확률이론이 작동하고 있다. 베이즈 이론을 인문과학적으로 접근하면 일체의 모든 것이 실체가 없으며 항상 불확실한 상태에 놓여 있어, 맥락과 인연생기에 따라 관계적인 가유假有만으로 드러날 뿐이고, 이를 확률적으로 표현하면 찰나찰나 판단의 기준체계인 확률분포함수가 사전에서 사후로 재구성되어 다르게 나타난다는 것이라고 설명할 수 있다.

"이러한 베이즈의 이론은 오늘날 컴퓨터 애플리케이션 개발에 있어서 중요한 수학적 기반을 이루고 있는데 검색, 의학의 질병 추적, 인공지능 등에 응용되고 있는 사례를 살펴보자. 정보 검색 도구를 판매하는 유력 검색업체인 구글은 베이즈 이론의 원리를 이용해 사용자의 요구에 최대한 부합하는 검색 결과를 제공한다. 베이즈의 원리는 또 특정 증상과 질병 사이의 상호관계를 파악하거나, 개인용 로봇 제작,

사고능력을 갖춘 인공지능을 개발하는 데도 적용된다. 또한 베이즈의 확률이론을 응용하면 카메라가 의사에게 뇌졸중이 일어날 환자를 미리 알려주는 것도 가능하다. 베이즈 이론이 다양한 분야에서 가치를 인정받고 있긴 하지만, 처음부터 인정받은 것은 아니다. 10년 전만 해도 베이즈 이론을 연구하는 학자들은 별로 주목받지 못했다. 이후 수학 모델의 개선과 컴퓨터의 발전, 실험으로 밝혀진 결과들로 비로소 베이즈 이론이 인정받게 된 것이다. 수학 문외한을 위해 베이즈 이론을 한 문장으로 요약한다면, '베이즈의 이론은 모든 것이 본질적으로 불확실하며, 확률 분포도는 항상 다르게 나타난다는 것'이라고 설명할 수 있다. 베이즈 이론의 매력은 파격적일 만큼 단순하다는 점에 있다. '현실에서 얻은 데이터를 토대로 미래를 예측한다'가 전부다. 데이터가 많을수록 예측은 더 정확해진다. 베이즈 이론의 또 다른 장점은 자가 수정적이라는 것이다. 정보로서의 데이터가 변동되면 저절로 그 결과도 수정된다. 기존의 검색엔진은 검색어와 일치하는 정보를 찾기 위해 '만약, 그리고, 또는, 그러나' 같은 연역적 논리를 검색어와 함께 사용해야 했다. 하지만 최근의 검색 엔진들은 좀 더 복잡한 알고리즘을 이용해 데이터베이스를 샅샅이 뒤져 적당한 검색 결과를 보여준다. 베이즈 이론에서는 결과의 정확성을 높이기 위해 더 많은 데이터가 필요한데, 동시에 계산도 그만큼 복잡해진다. 이렇게 '그럴듯한 추측'을 '믿을 만한 결과'로 바꾸기 위해 필요한 복잡한 계산은 고성능 컴퓨터의 출현으로 가능하게 됐다. 비평가들은 베이즈의 모델이 **본질적으로 주관적인 데이터에 기초하고 있으며, 그 답이 정확한지 여부는**

**결국 인간 스스로 판단해야 한다고 주장한다.** 베이즈 이론은 과연 무엇인가? 기호들이 난해해 보이지만 기본 개념은 무척 간단하다." [52]

우선 베이즈 이론의 공식부터 확인해보도록 하자. 베이즈 이론의 공식은 아래 〈표 3〉 베이즈 이론 공식 사전확률과 사후확률간의 관계식과 같다. 베이즈 이론은 확률통계학에서의 '조건부확률'을 계산하는 방법의 하나이다. 근본적으로 사전확률과 사후확률 사이의 관계를 나타내는 정리이다.

〈표 3〉 베이즈 이론 공식 사전확률과 사후확률 간의 관계

사전확률
(prior)

$$P(H \backslash E) = \frac{P(E \backslash H)\ P(H)}{P(E)}$$

사후확률
(posterior)

---

52) https://news.naver.com/main/read.naver?mode=LSD&mid=sec&sid1=105&oid=092&aid=00 [2022.04.02.].

〈표 3〉 베이즈 이론 공식 사전확률과 사후확률 간의 관계에서 보여주는 식을 말로 표현하면

$$\text{(}E\text{가 얻어졌을 때 그 원인이 }H\text{일 확률)} = \frac{\text{(}H\text{아래서 }E\text{가 생길 확률)}\times\text{(}H\text{가 성립할 확률)}}{\text{(}E\text{가 얻어질 확률)}}$$

사건 H, E에 대해 상대적으로 구하기 쉬운 '**P(E|H)**'를 이용하여 사건 H와 사건 E가 바뀐 조건부확률 'P(H|E)'를 도출할 수 있는데, 이때 **P(H)**를 사전확률, **P(H|E)**를 사후확률이라고 정의한다.[53] **P(H|E)=데이타 E가 얻어졌을 때의 원인이 H라는 조건부 확률로서 다시 말하면** 데이터, 즉 '변화를 일으키는 새로운 정보'가 주어졌을 때 원인을 구하는 확률을 나타낸다. 이런 의미에서 **P(H|E)를 데이터 E의 '원인의 확률'이라 한다. 이에 대해 P(E|H)를 '결과의 확률'이라 한다.** 아래의 〈표 4〉 베이즈 이론에서 사용되는 기호 및 확률용어는 베이즈 이론에서 사용되는 기호 및 확률용어를 정리한 것이다.

---

53) https://terms.naver.com/entry.naver?docId=3338165&cid=47324&categoryId=47324.[2022. 2. 22.]
54) 공에서 가로, 가에서 공으로 장애와 장벽을 꿰뚫는 중도의 사고방식은 현상계가 빚어내는 가의 세계의 변동을 새로운 정보로 포착하여 반영함으로써 스스로를 변화, 즉 업그레이드 시키는 프로세스로 설명이 가능하다. 이런 점에서 베이즈 이론은 변화를 상징하며, 중도적 사고 역시 아집과 집착을 버리고 새롭게 재구성된다는 점에서 상호일치한다.
55) 'likelihood'라고 표현하기도 한다.

〈표 4〉 베이즈 이론에서 사용되는 기호 및 확률용어

| 확률 및 기호 | 명칭 | 의미 | 비고 불교적 해석 |
|---|---|---|---|
| H | 확률변수 혹은 사건 | H는 가설(Hypothesis)의 약자로써 가설 혹은 '어떤 사건이 발생했다는 주장'을 의미한다. H = '원인'이나 '가정' | 베이즈 이론의 핵심은 삼라만상의 '변화'를 선제적으로 포착하고 이를 반영하는 시스템이라는 점이다. 삼라만상의 구성요소간의 관계가 동적으로 변동되는 순간을 즉각 감지하고 변동이전 '사전'에서 변동이후 '사후'로의 '변화'를 측정하는 방편이라는 점이다. 이는 불교의 중도적 사유체계와 상통한다.[54] |
| E | 확률변수 혹은 사건 | E= '결과'나 '데이타', 혹은 '변화를 일으키는 새로운 정보' | |
| P(H|E) | 사후확률 | 데이타 E가 얻어졌을 때의 원인이 H라는 조건부 확률로서 새로운 정보를 받은 후 갱신된 어떤 사건의 신뢰도를 의미한다. **데이터 E의 '원인의 확률'** | |
| P(E|H) | 우도 (尤度)[55] | 원인 H 아래서 데이터 E가 얻어질 확률 **데이터 E의 '결과의 확률'** | |
| P(H) | 사전확률 | 데이터 E를 얻기 전의 원인 H가 성립될 확률. 아직 데이터[사건] E에 관한 어떠한 정보도 알지 못하는 것을 의미한다. 어떤 사건이 지금까지 그러한 확률로 발생했다는 주장의 신뢰도를 뜻한다. | |
| P(E) | 전확률 | 데이터 E가 얻어질 확률로서 전확률의 정리(Law of total probability)라고도 한다. | |

베이즈 이론의 의미는 결론부터 말하자면 새로운 정보를 근거로 하여 어떤 사건이 발생했다는 주장에 대한 신뢰도를 갱신해 나가는 방법(a method to update belief on the basis of new information)이다. 즉 새롭게 드러난 정보를 반영할 경우, 기존의 상황이 어떻게 변할 수 있는지를 그 가능성을 수치로 표시한 식이다. 중요한 핵심은 사전확률에서 사후확률로의 '변화'의 원인이 되는 관계를 포착한 후, 관계가 유발시키는 변화의 방향과 그 변화의 정도[크기]를 계량화시켜 제시해주는 방식이라는 점이다. 이는 물리량의 하나인 벡터의 개념으로 비견할 수 있다. 현재의 위치에서 사건이 발생하여 위치의 변동을 발생시킨다. 사건의 강도에 따라 미래의 위치의 방향성과 크기는 달라지게 될 것이다. 베이즈 이론의 이러한 특성은 불교의 중도적 사유체계의 작동기제와도 일치한다라는 것이 필자의 추정이다. 이는 후에 베이즈 이론의 불교적 해석 부분에서 세부적으로 설명할 것이다.

베이즈 이론이 다소 어렵게 느껴지는 이유의 하나는 확률에 관한 관점 때문이다. 전통적인 관점의 확률관은 빈도주의(frequentism)라고 볼 수 있다. 모두 연역적인 사고에 기반한다. 즉, 기존의 통계학에서는 일단 엄격하게 확률 공간을 정의하거나 집단(모집단 혹은 표본집단)의 분포를 정의하고, 그 뒤에 계산을 통해 파생되는 결과치들을 받아들이는 검증절차를 따른다. 가령 동전의 앞면이 나올 확률이 30%라고 전제하면, 빈도주의자들은 100번 동전을 던졌을 때 30번은 앞면이 나온다고 해석하고, 추가 정보가 발생하더라도 이를 반영하지 않고 여전히 확률이 초기의 30%라고 여전히 주장한다. 사전확률이 갱신되지 않지만, 반면 베이스 이론의 관점에서는 '지금 여기'의 현재 상황에서는 동전의 앞면이 나온다는 주장의 신뢰도가 30%라고 판단하고는 있지만, 다시 새로운 추가 정보가 들어오면 이를 반영하게 되므로 확률 30%는 언제든지 변동이 가능하다는 점에서 확연한 차이가 있다.

사전확률이 사후확률로 갱신·변화·재구성되는 것은 당연하다. 따라서 베이스 이론은 귀납적 추론 방법으로서, 추가적인 사건, 사태, 정보 및 근거의 확보를 통해 개선된 진리의 상황으로 무한히 접근해 갈 수 있으며 마침내는 있는 그대로의 여여함에 도달한다는 동적인 개념과 철학적 함의를 가지고 있다. 베이즈 이론은 연역적 추론에서 귀납적 추론으로의 확률론 패러다임을 새롭게 제시하는 것으로 큰 변화를 가져왔다.

하나의 사례를 들어 위에서 정의한 베이즈 이론의 인문과학적 의미를 설명해 보자. 베이지언들은 현재를 규정짓는 일체의 인연조건에 만족하지 않고, 사건이 발생하면 언제나 자성을 해체하고 무자성·공에 기반한 새로운 패러다임으로 스스로를 업그레이드시켜 나

간다는 점에서 불교의 중도적 사고의 전형이라고도 할 수 있을 정도
이다.

정육면체 주사위를 던지는 게임을 한다고 상정하자. 대수의 법칙
에 근거하면 주사위의 각각의 숫자가 나올 확률은
P(1)=P(2)=....=P(6)=1/6[56]일 것이다. 그런데 만일 어떤 변동이 생겨
주사위의 1번 쪽에 중량이 조금 더 실려 무게의 균형이 흐트러지는
새로운 상황이 발생하는 경우, 1번이 바닥에 깔리게 됨으로써 그 정
반대편의 숫자인 6번이 나올 확률이 증가한다. 그러면 주사위의 기
존의 확률분포함수는 더 이상 제 기능을 하지 못하기 때문에, 이를
제대로 반영하는 새로운 사후확률분포함수가 필요하다. 예를 들면,
주사위 6이 나올 확률이 높아진 "P(6)=3/12, P(1)=1/12,
P(2)=P(3)=P(4)=P(5)=2/12"이 그것이다. 이를 베이즈 이론으로 비견
하면, 사전확률체계=주사위의 숫자가 나올 확률이 1/6, 새로운 사건
=무게의 변화, 사후확률체계=변경된 확률분포함수가 될 것이다. 업
그레이드 된 확률분포는 이전의 확률분포함수보다 세계를 좀 더 정
확히 판단할 수 있는 정확성이 높아지고, 이에 근거하여 새롭게 펼쳐
지는 현상세계를 정도에 입각하여 선택하고 집중할 수 있는 가능성

---

56) P(1)=P(2)=....=P(6)의 'P'는 Probability(확률)을 뜻하는 약어이다.

을 높인다.

반면, 사전확률분포를 고수하는 경우는 정확도가 떨어지는 것은 물론이고, 판단의 오류로 의사결정시에 실패할 가능성이 높아진다라고 볼 수 있으며, 사전확률에 집착하는 정도가 강할수록 변화된 세계에 관한 몰이해로 분노, 좌절, 실망 등의 에너지가 증가할 것이다. 이러한 불합리를 극복하고자 하는 시도가 베이지안들의 생각이다. 베이지안은 변화를 거부하지 않고, 집착을 고수하느라 뇌의 에너지를 과도하게 소모시키는 우를 범하지 않고, 변화를 신속히 새로운 질서로 포용함으로써 뇌의 에너지 소비를 최소화시켜 또 다른 변화에 대비하는 자로서 효과와 효율을 추구하는 자세를 지니기에, 베이지안은 늘 새로운 프레임으로 세계의 변화하는 모습[世界像]을 관찰한다라고 말할 수 있다.

〈그림 4〉 주사위의 숫자 관계

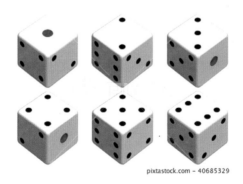

pixtastock.com - 40685329

금융분야, 심리학, 신경과학, 인지과학, 인공지능, 기계학습 등의 분야에서는 베이즈 이론이 인간이 생각하고 판단하는 근본적인 방식일 수도 있다고 보고 있다. 즉, 인간의 사고는 처음에는 아무 정보가 없던 무명의 상태에서 새로운 정보를 받아들이고, 이를 통해 자신이 가지고 있던 일종의 사전확률분포의 체계라 할 수 있는 '기존 믿음의 체계'를 살불살조殺佛殺祖하듯이 파破하고 업그레이드시켜 세상을 판단하는 새로운 기준을 세우고, 이를 근거로 의사결정의 방향을 재정립한다.

그리고 새로운 미래를 만들어 나가는 기준으로 삼는다. 이러한 사실은 샤론 버치 맥그레인이 '베이즈 정리는 어떻게 250년 동안 불확실한 세상을 지배하였는가'를 풀어낸 그의 저서 『불멸의 이론』에서 인간의 뇌가 베이지안임을 상세히 밝히고 있다.

"베이지안 방법론은 보다 나은 인공기관 및 로봇을 만들기 위해서 뉴런에서 방출되는 여러 신호들을 해독하고 부리는 데는 말할 것도 없거니와, 뇌의 지도, 뇌의 회로를 분석하는 데도 동원된다. 뉴런에서 획득할 수 있는 모든 정보를 활용하려는 이런 시도는 몇 가지 질문을 제기한다. 뇌 그 자체는 무엇을 할까? 뇌는 베이지안 연산을 수행함으로써 불확실한 세상에서 얻는 정보의 가치를 극대화 할까? 이런 질문들을 놓고 고심하는 과정에 베이즈 이론은 단순히 자료 분석 작업이나 의사결정을 돕는 차원을 훌쩍 넘어, 뇌의 작동원리를 설명하는 이론적인 틀이 되었다. 아닌 게 아니라, **'베이지안 뇌(Bayesian Brain)'**라는 용어는 확률을 흉내 내는 인간의 뇌를 가리키는 비유로 이미 자리 잡고 있다."[57]

인간의 뇌는 베이즈 머신이라 불리기도 한다. 세계를 탐색하며 감각, 자극의 근본 원인을 찾는다. 왜냐하면 사전지식 체계로는 설명이 되지 않기 때문이다. 하여, 인간은 확정된, 그래서 고정된 자아의 소유자가 아니라 미완의 존재로서 실존적, '확률적 존재'임을 알 수 있다. 불교적 언어로 표현하면 인간의 뇌는 무상과 무아의 존재 방식을 부단히 추구하는 무자성·공의 동적 존재로 비견할 수 있다.

## 2) 베이즈 이론의 계산 절차

앞의 〈표 3〉 베이즈 이론 공식 사전확률과 사후확률 간의 관계에서 제시된 공식에 근거한 베이즈 이론의 계산 절차는 첫째, P(E|H) 우도확률을 산출한다. 둘째, P(H) 사전확률을 설정한다. 셋째, P(E)

---

57) 샤론 버치 맥그레인 지음, 이경식 옮김(2013), 앞의 책, 546, 548.

전환률을 산출한다. 넷째, 베이즈 이론의 공식에 우도확률과 사전확률을 대입하여 P(H|E) 사후확률을 산출한다. 이와 같이 원칙적으로 4단계를 따르며 실행된다.[58] 베이즈 이론이 작동하는 방식을 이해하기 위해 구체적 예를 몇 가지 제시하고 이의 해석과정을 통해 불교의 사유체계와 연결되는 실마리를 확인하는 과정을 설명하겠다.

[사례 1]

원유가 존재할 확률이 20%인 지역에서 시추를 하는 데, 원유가 있는 경우에 어떤 특수한 토양이 발견될 확률이 60%이며, 원유가 존재하지 않을 확률이 80%인 지역에서도 특수토양이 발견된 확률이 30%이다. 그런데 원유 시추작업 도중에 특수토양이 발견되는 사건이 발생했다. 그렇다면 이 경우에 원유가 존재할 확률은 달라지는가?

58) 와쿠이 요시유키 · 와쿠이 사다미 지음, 김선숙 역(2018), 130.
59) P(원유존재|토양발견)=[P(원유존재)P(토양발견|원유존재)]÷P(토양발견)=12/36=33.3%, P(원유비존재|토양발견)=P(원유비존재)P(토양발견|원유비존재)÷P(토양발견)=24/36=66.6%.

| 사전 확률 | 조건부 확률 | | 추가 정보 | 사후 확률[59] |
|---|---|---|---|---|
| | 특수토양 발견 | 특수토양 미발견 | | |
| 원유존재 [20%] | P(토양발견｜원유존재)=60% | P(토양미발견｜원유존재)=40% | 특수토양이 발견되었다. | 33.3% |
| 원비유존재 [80%] | P(토양발견｜원유비존재)=30% | P(토양미발견｜원유비존재)=70% | | 66.6% |

[해석]

어떤 특수토양을 발견하고 난 다음, 원유가 존재할 확률이 사전확률(20%)에서 사후확률(33.3%)로 상향 조정된다. 원유가 비존재할 확률은 사전확률(80%)에서 사후확률(66.6%)로 하향 조정된다. 즉, 추가 정보에 의해 석유 시추업자의 입장에서 본 분포함수가 사전확률에서 사후확률로 변모하게 됨을 나타내는데, 이는 확률적 관점에서 보면, 현재를 규정하던 기존의 구舊시스템이 신新시스템으로 개념의 틀이 바뀌었음을 알려준다. 불교적 시각에서 해석하면 이는 현재의 사유체계가 변화를 감지하고 자신의 기존 사유체계를 실체라는 이름 하에 집착하지 않고, 즉 자성을 고집하지 않고 무자성·공의 입장에서 관계의 변화를 받아들이는 프로세스이다. 맥락이 바뀌면 자신도 변하는 경계를 드러내고 있음이다. 이는 우주 삼라만상의 하나하나가 실체가 아니라 무자성·공을 기반으로 펼쳐지는 가假의 세계라는 불교의 중도적 사유체계와 일치한다.

[사례 2]

> 질병 A의 발병률은 3%로 알려져 있다. 이 질병이 실제로 있을 때 질병이 있다고 검진할 확률은 98%, 질병이 없을 때 실제로 질병이 없다고 검진할 확률은 95%라고 하자. 만약 어떤 사람이 질병에 걸렸다고 검진받았을 때, 이 사람이 정말로 질병에 걸렸을 확률은 달라지는가?

〈표 6〉 [사후확률계산]

| 사전 확률 | 조건부 확률 | | 추가 정보 | 사후 확률 |
|---|---|---|---|---|
| | 질병 판정[양성] | 질병 미판정[음성] | | |
| 질병상태 [3%] | P(질병판정ㅣ질병)=98%, | P(질병미판정ㅣ질병)=2% | 양성 판정을 받는 사건발생 | 38% |
| 무질병 상태[97%] | P(질병판정ㅣ무질병)=5% | P(질병미판정ㅣ무질병)=95% | | 62% |

[해석]

　질병검사에서 양성으로 판명이 난 이후에, 실제로 질병일 확률이 사전확률(3%)에서 사후확률(38%)로 상향 조정된다. 양성으로 판정이 난 이후에 실제로 질병이 아닐 확률은 사전확률(97%)에서 사후확률(62%)로 하향 조정 된다. 즉, 추가 정보에 의해 분포함수가 사전확률에서 사후확률로 변모하게 됨을 나타내는데 이는 확률적 관점에서 보면, 질병의 유무를 규정하던 기존의 구舊시스템이 신新시스템으로 패러다임이 바뀌었음을 알려준다.

　불교적 시각에서 해석하면 이는 현재의 판단체계가 변화를 감지하고 질병의 기존 판단체계를 실체라고 고집하지 않고, 즉 자성을 고집하지 않고 무자성·공의 입장에서 변화된 관계를 받아들이는 프로세스이다. 인연조건의 맥락이 바뀌면 세계를 지배하는 판단체계도 당연히 변한다는 무자성·공의 경계를 드러내고 있음이다. 이는 우주 삼라만상의 하나하나가 실체가 아니라 무자성·공을 기반으로 펼쳐지는 가의 세계에 지나지 않는다는 불교의 중도적 사유체계와 근본적으로 일치한다.

## 3) 베이즈 이론의 불교적 해석

불교 관점에서 해석하면, 사전확률의 의미는 기존의 경전, 집착하는 사상, 고정된 궤도로서 자성을 상징한다고 비견할 수 있다. 이로부터 벗어나게 만드는 단서는 중생이 현상세계에서 겪는 번뇌·혹惑인데 이를 현대적 용어로 리워딩(rewording)하면 새로운 정보, 사태이고 앞에서 정의한 케인즈적 사실이다. 더욱이 인간의 뇌는 자극-반응의 수동적 체계로만 작동하지 않고, 오히려 더욱 적극적인 호기심 - 원인탐색 - 문제해결 - 세상에 대한 진전된 이해라는 작동원리로 대응하고 있다는 것을 알 수 있다. 이와 관련한 설명을 덧붙인다.

"사람은 어떤가? 어디를 가든 우리는 한시도 가만히 있지 않는다. 낯선 장소라면 둘러보고, 물건이 있다면 만져보고 살펴본다. 누군가를 만나면 그에 관해 물어보고 서로를 이해하려 애쓴다. 자극이 오길 기다리거나, 입력에 대해 반응하도록만 만들어져 있지 않다. '이건 뭐지? 여긴 어디지?' '이렇게 누르면 어떻게 되지?' '너는 누구니?' 같은 질문들을 쉴 새 없이 쏟아낸다. 스스로 자극을 찾아 나선다. 스스로에게 질문하고 그 질문에 대답하는 방식으로 세상을 이해한다. 다시 말해, '자극 - 반응 체계'로 작동하지 않고, '질문 - 대답 체계'로 살아간다.

우리는 왜 끊임없이 질문하는가? 그것이 왜 궁금한가? 곰곰이 생각해 보면, 질문에 뚜렷한 이유나 목적이 없는 경우가 허다하다. 그저 궁금할 뿐이다. 우리는 그것을 '호기심'이라 부른다. 더 흥미로운 건, 그 질문에 답을 알아내면 기쁘고 즐겁다. 해답 자체가 보상이 된다. 즉, 우리 뇌는 스스로 답을 던지고 그 질문에 답을 찾으면 기쁘도록 디자인 돼 있다. 호기심의 보상은 해답이 주는 즐거움이지만, 이를 통해 우리는 '세상에 대한 이해'를 얻게 된다. 끊임없이 세상에 질문을 던지고 거기에 대한 해답을 찾는 과정에서 세상을 더 많이 이해한다. 그러면 다음 상황을 예측할 수도 있고, 새로운 상황이 벌어졌을 때 적절하게 대처할 수 있다."[60]

번뇌·혹惑을 찰나찰나 반영하여 그 결과로 사후확률이 부단히 재구축되는 순환·반복·재구성의 갱신과정이 중도中道의 이치와 통한다. 즉, 사전확률이라는 자성적 특성에 머물지 않고, 새로운 정보, 혹은 새로운 번뇌·혹惑과 충돌하면서 이를 해결하기 위해 기존에 자리 잡고 움직이지 않던 자성을 해체하는 무자성·공의 경계에 들어가는 것으로, 미미한 하나의 정보라도 새롭게 섭수하고 반영시켜 내재화시키는 과정이 중도적 사유체계의 작동원리이다.

---

60) 정재승, 중앙SUNDAY(https://news.joins.com/sunday) and 중앙일보(https://joongang.co.kr), 2019.06.15.

정해진 프레임과 테두리의 한계를 지속적으로 무자성화하는 과정을 통해 해체시키고, 버리고, 극복하며, 재구성하는 무한반복의 뫼비우스의 띠와 같은 과정인데 이는 앞에서 언급한 바 있는 인공지능의 딥러닝 및 강화학습방식과 동일한 작동기제이다.

찰나찰나 변모하는 맥락[인연생기]은 현대적으로 해석하면 기존의 체계를 변화시킬 수 있는 새로운 정보를 발생시키는 하나의 시스템이라 할 수 있으며, 그런 의미에서 새롭게 제시되는 맥락은 삼라만상의 삼천대천세계를 지금까지 규정해온 사전확률분포함수가 앞으로 새롭게 규정된 사후확률분포함수로 전환된다는 것을 암시하는 복선이라 하겠다. 이러한 관점에서 불교는 베이즈 이론의 작동원리를 섭수하고 있다고 추론할 수 있다.

# 네 번째 강의

불교의 프로토콜과 베이즈 이론

앞에서 언급한 베이즈 이론의 불교적 해석을 보다 심화하기 위한 방편으로 책에서는 인문과학적 프로토콜로서의 불교의 사유체계를 인공지능의 베이즈 이론과 연결되고 있음을 보인다. 이는 불교의 프로토콜로 불해佛解[61]한 베이즈 이론이라 규정할 수 있다. 인공지능의 베이즈 이론을 작동시키는 원리가 불교경전의 중도적 사유체계와 연결됨을 밝히는 것이다.

구체적으로는 베이즈 이론의 원리가 불교의 연기법·무자성·공의 원리와 『中論』의 사유체계인 공空·가假·중中의 원리, 그리고 원융중도의 사유와 융합됨을 규명하고, 추가로 선종의 공안을 구성하는 주요 원칙들과도 여전히 상즉함을 밝히고자 함이다. 나아가 이를 근거로 베이즈 이론의 작동기제를 아우르는 불교의 사유체계, 즉 불교 프로토콜이 현대 21세기 글로컬 기업경영의 인문학적 바탕이 되고, 경영철학적 문제해결의 실마리로서 그 대방등大方等의 확장성을 지니고 있음을 궁구한다. 이는 불교의 원리에 담겨있는 인문과학적 가치가 죽림정사의 경계 내에서만 머물지 않음은 물론이고, 이를 넘어 온고지신의 창발적 무지지지無知之智의 지혜로 자리잡고 있음을

---

61) 이홍제(2021), 397, "본 논문에서 불교선해(佛教禪解)의 약자로 사용한다. 불해(佛解)와 선해(禪解)를 하나로 결합한 어휘이며, 선해(禪解)란 용어는 이미 감산의 『도덕경해』, 우익지욱의 『주역선해』등에서 직간접적으로 쓰이고 있는 어휘로서 불해(佛解)라는 의미와 상통한다."

깨닫게 하는 것이다. 궁극적으로는 이러한 추론에 근거하여 불교 사유의 총지總持로서의 원융중도에 담긴 지혜의 지평을 현대 기업경영의 경영철학으로 그 적응성을 확장하는 것이다.

이 책에서는 불교 프로토콜과 베이즈 이론의 상즉관계를 함의하는 상호관계식인 '불교 프로토콜 관계식'을 우선 정의하고, 이의 전개 과정을 불교 프로토콜의 사유체계에 근거하여 검증하는 것이 첫 번째 목적이다. '불교 프로토콜 관계식'은 인공지능의 베이즈 이론의 원리와 연결되고 있음을 수학적으로 표현한 일종의 선해禪解관계식으로서, 이는 인공지능이 작동하는 원리를 인문과학적 관점에서 보여주는 것이기도 하다.

두 번째 목적은 이 불교 프로토콜 관계식에 의거하여 불교 사유체계가 갖는 창발적 의미를 21세기 글로컬 기업경영의 인문과학적 철학적 패러다임으로 새롭게 접목하고자 함이다.

이를 위해 〈표7〉의 '불교 프로토콜 관계식'을 "**베이즈 이론 ⊂불교 프로토콜 ⊃ 21세기 경영철학**"으로 규정하고, 동 관계식의 베이즈 이론이 어떻게 불교 프로토콜의 사유체계와 연결되는지를 초기불교의 12연기와의 상즉성, 무자성·공사상 및 즉비논리와의 상즉의 관점, 그리고 원융중도의 관점에서 단계적으로 검증하도록 한다. 그리고 이를 근거로 인공지능의 베이즈 원리를 통섭하는 불교 프로토콜로서의 원융중도의 사유체계가 지니는 확장성을 선종의 공안과 21세기 현대기업의 경영철학적 관점에서 그 타당성을 입증함으로써 불교 프로토콜의 인문학적 확장성을 제시하고자 한다.

첫 단계에서는 베이즈 이론의 작동기제를 연기법·삼법인·무자성·공의 원리와 용수『中論』의 사유체계인 공·가·중의 원리에 근거하여 해석함으로써, 베이즈 이론의 원리가 불교 프로토콜의 사유체계로 포섭包攝됨을 밝히며, 두 번째 단계에서는 이를 바탕으로, 추가로 베이즈 이론의 원리가 선종의 공안과도 상즉함을 밝힘으로써, 불교 프로토콜의 창발성이 시사하는 현대적 의미를 21세기 기업의 경영철학과 어떻게 연관되며, 어떠한 메시지로 그 가치가 확장·심화될 수 있는지를 밝힌다. 이는 원융중도의 지평을 확대시키는 의미 깊은 시도의 하나가 될 것이라 여긴다.

책에서 제시한 불교 프로토콜 관계식은 현상계를 꿰뚫어 보는 마하반야摩訶般若의 지혜를 상징하는 것으로 정의할 수 있다. 아래의 〈표 7〉로 이를 정리한다

<표 7> 불교 프로토콜 관계식

| 구분 | 불교 프로토콜 관계식 |
|------|---------------------|
| 관계식 | 베이즈 이론 ⊏연기법⇒무자성·공 ⇒ 원융중도 및 선종⊐ 21세기 경영철학 |
| 비고 | 불교 프로토콜의 지평은 21세기 경영철학으로 확대 가능 |

# 09

# 베이즈 이론과 초기불교 12연기 · 삼법인 · 사성제 · 팔정도

불교 교리의 목표는 고苦의 해결, 열반의 성취로 귀결된다. 초기경전의 12연기는 '무명無明 · 행行 · 식識 · 명색名色 · 육처六處 · 촉觸 · 수受 · 애愛 · 취取 · 유有 · 생生 · 노사老死'으로 이어지는데 이는 찰나찰나 변화하는 중생의 삶의 궤적이며, 한시도 제자리에 머물지 않는 흐름인 공의 원리와 통한다.

간략히 설명하면, 무명의 바닥에 빠져 헤어 나오지 못한 채 행해진 일체의 행위가 식識으로 저장되어 굳어진 후, 무명과 식의 지배를 받는 명색名色이 구성된다. 베이즈 이론과의 상통함을 밝히고자 명색의 의미를 살펴본다.

"아시다시피 명색이라는 단어가 지금은 허울만 좋다는 의미로 전의되어 쓰이고 있기도 하지만, 명(名:nama)이란 본디 물질에 반대되는 정신적인 것을, 그리고 색(色:rupa)이란 물질적인 것을 가리키며, 또한 오온의 색 · 수 · 상 · 행 · 식(色 · 受 · 想 · 行 · 識)의 색을 제외한

'수·상·행·식'의 사온을 명으로 해석하고 있는 바, 색이 물질이고, '수·상·행·식'이 정신작용인 것이다.[62]

명名자가 왜 정신작용을 상징하는지 그 근거를 갑골문의 자원자형 字源字形을 기반으로 살펴보면. 갑골문 자형[ㅂ]은 '어두운 저녁[夕( )] 저 멀리 오는 누군가를 식별하기 위해 이름을 부른다[口( )]는 뜻으로 만들어진 글자이다.'[63] 라고 해석하고 있지만 다소 미흡한 설명이다. 사실 명자는 칠흑 같은 어둠 속에서 어둠을 뚫고 외치는 소리로 방향을 알려주고 깨우쳐 주는 등대의 항로표지의 역할을 표상한다. 무명의 어둠 세계에서 스스로의 위치를 깨닫고 진리를 찾아가도록 인도하는 네비게이터(navigator)라 할 수 있다.[64]

---

62) 伽山 이지관(2004), 재인용, 제6권, 244-245, "오온 중에 색을 제외한 나머지 사온, 곧 수·상·행·식을 이르는 말. 색을 제외한 나머지 사온이므로 정신활동의 총체를 명이라고 하는 것이다. 또 색과 함께 칭하여 명색이라고 할 경우에는 12연기의 네 번째 지분을 일컫는다."

63) 손예철(2017), 57. "羅振玉은 갑골문 'ㅂ'을 '名' 자로 수록하고는 "从口从夕. : '口'와 '夕'을 구성요소로 하고 있다."라고만 하였는데 여기에서의 '석(夕)'은 어둠을 나타내고, '구(口)'는 입으로 소리를 전파한다는 뜻을 나타낸다.『說文解字』에는, "自命也。从口从夕。夕者，冥也。冥不相見，故以口自名. : '名'은 스스로 자기의 이름을 부른다는 뜻이다. '夕'은 어둠을 뜻한다. 어두운 밤에는 서로를 볼 수 없으므로, 저절로 이름을 부르는 것이다."라고 풀이하고 있다. ; 하영삼(2015), 232. "캄캄한 밤에 입으로 부르는 사람의 이름으로, 이로부터 부르다의 뜻이 나왔다."

64) https://blog.naver.com/gogungmuseum/222212232784 [2021.7.30.]. "명(名)자가 청각신호로 사용된 예로서 형명(形名)을 들 수 있다. '조선의 군사 신호 체계, 형명(形名)은 혼란한 전투 상황 속에서 군사 명령을 전달할 때 시각 신호인 형, 청각 신호인 명을 이용했다. 대열의를 행할 때도 실전과 같이 형명을 이용해 신호했다. 시각 신호로는 각종 무늬가 그려진 깃발을, 청각 신호로는 악기와 화약 무기를 이용했다." : 불가(佛家)의 사례를 들면, 우리가 즐겨 마시는 차(茶)로서의 명(茗)자에도 명(名)자가 사용된 이유는 다름 아닌 졸음을 깨우는 '차의 싹'을

이를 불교적 관점에서 조금 더 심화시키면 명名자에는 석夕이라는 어둠, 무명으로 인한 번뇌를 굉음의 소리로 격퇴하고 파破한다는 파사현정破邪顯正의 정신적 의미를 함축하고 있다고 유추할 수 있게 되고 증득과 통함을 알 수 있다. 즉 어둠을 가르고 나는 누구인가를 깨우치는 과정과 통하기 때문이다. 무명에서 벗어남이며, 수면번뇌隨眠煩惱를 깨우고 주의를 환기시키는 죽비竹篦의 깨달음 소리로 배대할 수 있다. 명名은 법음法音의 가르침을 듣고 파사현정의 각자覺者와 통한다는 것을 확인할 수 있다. 그런 의미에서 정신적 작용인 것이다."65)

무명의 식識에 속박된 명색이 촉觸·수受 … 유有 등의 과정을 거쳐 궁극에는 모든 인간고의 총칭을 상징하는 노사老死 즉 고苦로 귀결된다. 이와 같이 무명의 속박에서 벗어나지 못하는 윤회의 '뫼비우스 띠' 구조가 12연기라 할 수 있으며, 윤회의 순환구조의 원인을 깨달아서 변화시키는 방편이 사성제의 도이며, 이는 팔정도로 연결된다. 따라서 팔정도의 실천을 통해 이게 변하게 되면 무명이 사라지고 행이 멸하고 식이 멸해서 노사가 멸하며 열반을 스스로 체득하게 되는 구조가 불교의 사성제이다.

---

뜻하는 풀이라는 설명이 가능하다. 머리와 눈을 맑게 한다는 것과 상통하고, 나아가 무명과 수면번뇌, 그리고 미망을 극복하게 하는 기능을 한다는 점에서 정신적 수행과 통한다.
65) 이홍제(2021), 405-406.

연기법은 맥락의 작동체계를 설명한다. 동시에 찰나찰나 맥락이 작동하면서 맥락이 변화하면서 단계적으로 진행해 나가는 과정을 그렸다. 맥락에 의해 존재하는 것은 거울이 삼라만상을 잠시 비추는 순간에만 존재하는 것과 같다. 고로 거울은 맥락을 드러내는 상相을 가리킨다. 연결되는 맥락이 만들어 내는 세계는 흐름이고, 변화이며 관계가 만들어내는 상相의 모습인데, 변화는 자신이 이미 익숙해져 평안함을 느끼게 해주던 기존의 무의식적 사고체계와 충돌을 빚음으로써, 변화에 노출되는 순간에 혼란과 무질서를 경험한다는 점에서 변화하고 흐르는 일체는 고苦를 발생시킨다고 볼 수 있다. 이를 삼법인에서는 일체개고로 규정하고 있다. 다른 한편으로 변화는 기존의 삶의 방식을 해체시키는 새로운 동력원이기에 양면성을 갖는다. 그러므로 부정적으로는 불안과 공포를 가져오고 긍정적으로는 발상 대전환의 계기를 가져오지만 어찌 되었든 마음을 혼란하게 만드는 고통이다. 따라서 연기법은 일체개고를 낳는 근본원천이 된다. 당연히 자신은 타인들과의 결합에 의해 존재하기에 자신의 실체는 있을 수 없는 제법무아가 파생된다. 이로부터 벗어나려는 시도와 목적지가 열반적정이 되는 구조이기에 삼법인은 연기법의 특징을 적확하게 요약 설명하고 있다.

12연기 및 사성제를 베이즈 이론의 관점으로 비견해보자. 무명이란 현실적으로 설명하면 '아는 만큼'의 범주 내에서만 의지한 채 살아가는 중생들의 한계적 삶을 상징적으로 드러낸다. 그저 자신이 아는 근기수준에서 그것을 최적이라고 집착하며 인생을 펼쳐나간다는 뜻으로, 일체에 어둡다는 의미로 해석한다.

무명이란 뫼비우스의 띠를 순환하듯 중생의 제한된 삶의 방식, 고정관념을 벗어나지 못하는 삶의 한계를 의미한다. 무명이 번뇌의 원천이므로 12연기의 무명은 베이즈 이론의 사전확률분포로 비견比肩될 수 있으며, 이것에 고착되어 명색으로 구체화 된 후에 추가되는 과정을 거치면서 무명이 빚은 식에서 벗어나지 못한 나머지, 결과적으로 얻어진 가유의 생生은 노사老死라는 번뇌로 귀결된다.

즉 12연기의 삶은 베이즈 이론의 무명이라는 사전확률분포를 벗어나지 못하는 윤회의 삶을 상징한다. 이렇듯 무명에 의해 규정된 사전확률분포라는 프레임이 그대로 유지되면 발생하는 것이 노사老死이다. 노사는 고苦의 집적이므로 그 고苦라는 사건을 어떻게 해석하고 수용하느냐에 따라 고착된 무명의 식을 여의고 새로운 삶을 전개할 수 있느냐 그렇지 못하느냐가 결정된다.

12연기의 노사老死, 즉 고苦를 해결하는 교리가 사성제인데, 불교의 중심교리의 하나로서 네 가지 가장 훌륭한 진리라는 의미를 가지고 있다. 고집멸도苦集滅道를 베이즈 이론의 시각에서 분석하면 집이라는 근본원인[사전확률분포 혹은 고정관념체계]에 의해 결과적으로 고라는 사건이 발생하는 것이며, 도라는 새로운 방편[사후확률분포]에 의해 결과적으로 멸이 이루어진다고 해석할 수 있다. 고苦는 사전확률체계[사전확률분포]라는 기존의 사유체계, 즉 집集에 집착함으로써 유발되는 번뇌를 상징한다. 고苦의 발생은 우주를 지금과는 다른 새로운 사유시스템[확률분포]으로 다시 보라는 가르침과도 같다.

번뇌라는 추가 정보에 근거하여 기존의 사전확률함수를 새로운 세상에 적합하도록 수정 혹은 재구성시키는 과정을 뜻한다. 그러므로 도는 고라는 사건이 반영되어 탄생된 새로운 사유시스템[사후확률분포]를 상징한다. 사성제의 고집멸도는 베이즈 이론의 사전확률분포함수를 사후확률분포함수로 만드는 과정과 동일하게 사유체계를 개조시키는 제조공장의 시스템인 셈이다. 사성제는 고라는 사건, 즉 '당면한 추가적 정보'를 처리하는 베이즈 추정 프로세스라고 비유할 수 있다.

특히, 고집멸도의 도道는 괴로움과 무명 · 번뇌를 멸하고, 열반 · 해탈을 얻어 십이인연의 무명으로부터 벗어나 자재를 실현시키는 방편, 즉 실천방법을 말하는 것으로, 불교에서는 이를 팔정도八正道, 곧 정견正見 · 정사유正思惟 · 정어正語 · 정업正業 · 정명正命 · 정정진正精進 · 정념正念 · 정정正定으로 규정하고 있다.

정리하면, 불교의 팔정도는 베이즈 이론의 구성요소인 사건, 즉 '당면한 추가적 정보'가 반영된 사후확률분포로 비견할 수 있으며, 그 결과로서 나타나는 것이 새로운 세계로서의 멸[해탈 열반]이라는 것이다. 무명의 사전확률분포 혹은 고정관념의 사유체계에 집착하면 결국 고(苦)라는 사건과 만나게 되며, 고(苦)라는 사건을 새로운 깨달음의 신호 혹은 실마리로 받아들여 윤회의 고리에서 벗어날 수 있게 하는 새로운 틀이 사성제의 도[팔정도]인 것이다. 그러므로 무명이라는 과거의 프레임[사전확률분포]이 발생시키는 고[사건]를 깨달음의 정보 내지는 실마리로 수용하여 변화된 새로운 프레임[사후확률분포]으로 변환시키라는 명령체계와 다름이 아니다. 이러한 점은 인공지능의 작동방식인 베이즈 이론과 상통한다. 아래는 이를 비교 정리한 〈표 8〉이다.

---

66) 혜명(2011), 439. : 오온은 『摩訶止觀』에 따르면 온마(蘊魔) 또는 음입마(陰入魔)로서 고뇌를 만들어 내는 생산공장과 같다. 사전확률분포의 무명에 속박된 유루의 존재가 새로운 사건과 충돌하면서 하나의 단서로서 혼란과 무질서라는 케인즈적 사실을 생산해낸다. 그러므로 오온 · 12처 · 18계로 정의되는 존재가 갖는 특징은 한편으론 번뇌의 근원이지만, 다른 한편으로는 수승한 단계로 진입하는 중요한 실마리를 제공하는 원천이기도 하다. 그런 의미에서 사전확률분포적 성격을 가진다.

<표 8> 베이즈 이론과 초기 불교의 상호비교

| 구분 | 베이즈 이론과 초기 불교의 비교분석 | | |
|---|---|---|---|
| 베이즈 이론 | 사전확률분포 | 케인즈적 사건 및 추가적 정보 | 사후확률분포 |
| 12연기 및 사성제 | 오온·12처·18계[66] 12연기의 무명. 사성제의 집(集) | 12연기의 노사(老死) 사성제의 고(苦) | 사성제의 (道) [팔정도] |
| 비고 | 고집멸도의 사성제는 사건[고]을 단초로 하여 고의 원인[집]을 여의고, 부단한 재구성과정[도]을 통해 궁극에는 멸의 단계로 진입한다. 이는 베이즈 이론이 '사전확률분포 - 사건 - 사후확률분포'의 지속적 순환을 거쳐 새로운 정보를 수용해 나가면서 스스로를 궁긍적으로 '변화시키는 원리'와 상통한다. | | |

# 10

## 베이즈 이론과 공사상 · 즉비논리

　공空이란 용어는 불교사상의 근본적인 개념을 나타내는 말로, 특히 『반야경』을 비롯한 대승경전에서 강조되고 있다. 대승불교에서 이 말은 자성自性, 실체實體, 본성本性, 자아自我 등과 같이 궁극적인 것으로 간주하는 본질적인 것들이 실제로는 '비어있다' 라고 하는 의미로 사용되고 있다.

　공空이란 말은 대승불교에서 중요하게 사용되는 용어이지만, 그의미가 본격적으로 강조되는 것은 대승경전의 『반야경』에서이다. 그러나 공에 대한 개념은 『반야경』이전의 초기불전에서도 나타나기 때문에 먼저 공의 역사적 전개 과정을 살펴보면서 용수의 『中論』이 베이즈 이론과 융통됨을 밝히겠다. 초기불전의 공사상은 연기법에 근거하여 자성으로서의 아트만은 존재하지 않는다라는 입장에서 설해지며 『반야경』의 공관은 설일체유부의 일체법 실유實有를 나타내는 법체항유설法體恒有說을 부정하는 입장에서 설해지며, 용수의 『中論』은 '연기=공=가=중' 으로 표현되는 중도의 입장에서 설해진다고 볼

수 있다.[67]

우선, 초기불전의 공사상은 연기에 대한 이치를 직관함으로써 일체 현상에는 아我[아뜨만]와 같은 본질적인 것은 존재하지 않으며, 일체 존재물은 상호인연 관계로서 서로 의존하고 있음을 알려주며, 그런 까닭에 곧 공이며, 그런 가르침이 무상·고·무아의 형태로 정형화되어 표현되었다. 다음으로,『반야경』에 나타나는 공관은 대승불교 이전의 부파불교의 설일체유부의 교리와 밀접한 관련을 가지고 있는데, 설일체유부의 교리인 일체법이 존재한다는 실유實有의 주장은 공사상과 중관철학이 발생하는 사상적 배경이 되었다고 해도 지나친 말은 아니다.

일체법은 다른 법과 서로 조건 지워져 성립하는 것이기 때문에 설일체유부의 법체항유설과는 달리 법은 없다고 주장하는 것이다. 그것을 가장 잘 나타내 보여주는 것이『반야심경』의 "色即是空, 空即是色"[68]라는 구절이다. 설일체유부의 입장은 법의 유자성有自性에 의한 법의 실유實有이며『반야심경』은 법의 무자성無自性에 의한 법공法空을 주장한 것이다.[69]

---

67) 동국대학교 불교문화대학, 앞의 책, 154.
68) 『般若波羅蜜多心經』(T8, 848c), "色即是空空即是色".
69) 동국대학교 불교문화대학, 앞의 책, 154-162.

공사상을 베이즈 이론의 관점으로 비견해보면, 중생의 색에 대한 고정된 자성집착이 사전확률분포가 되며, 색은 육경[색·성·향·미·촉·법]의 하나로서 인연조건에 따라 변화된 '관계적 모습'이 무량한 가유假有로 드러나는 것은 물론이고, 현상계에서 벌어지는 무수한 사건들은 색을 포함한 육경의 인연조건과 맥락에 따라 케인즈적 사실로 터져 나온다고 이해할 수 있다. 이런 이유로 색을 포함한 육경은 시시각각 흐르는 변화의 관계적 모습을 상징함에도, 무명에 고착된 중생은 육경의 변화가 주는 단서 혹은 정보를 감지할 근기가 되지 못하고, 앞에서 언급한 케인즈적 사실로 인지하지도 못한다. 이런 의미에서 육경은 변화의 관계적 모습을 발생시키는 케인즈적 사실이라 정의할 수 있다. 사전확률분포의 프레임에만 매몰된 중생은 닫힌 시스템[closed system][70]의 전형이라 할 수 있다. 육경이 만들어내는 무량한 변화의 관계적 모습을 감수感受는 하면서도 이를 자신을 변화시킬 케인즈적 사건으로 수용하지 못하는 한계적 하근기 수

---

70) https://terms.naver.com/entry.naver?docId=5842692&cid=40942&categoryId=32251 [2022.2.10.]. "계(系, system)란, 반응이 직접 일어나는 영역으로 화학 반응에서는 반응물과 생성물이 계가 되며, 주위(surroundings)란, 계를 제외한 모든 영역을 말한다. 계는 열린계, 닫힌계(closed system), 고립계(isolated system)로 나눌 수 있다. 이들 구분은 계와 주위 사이의 물질과 에너지의 교환 여부인데, 외부와 물질과 에너지를 서로 주고 받는 계를 '열린계'라고 한다. 그밖에 닫힌계는 외부와 물질은 교환하지 않고 에너지만을 교환하며, 고립계는 외부와 물질과 에너지 모두를 교환하지 않는다."

준에 머물고 있다.

반면 열린 시스템[open system]은 외부 즉 육경이 만들어 내는 변화의 관계적 모습을 케인즈적 사건으로 즉각 수용하고 반영함으로써 자신의 사유체계의 근기 수준을 업그레이드 시키는 시스템이다. 그러므로 공사상은 열린 시스템으로서 육경이 빚어내는 변화의 관계적 모습을 케인즈적 사건을 반영하고 새로운 사유체계를 작동시키는 사후확률분포로 비견할 수 있다. 아래의 〈그림 5〉는 계의 특징을 비교·설명한 것이다.

〈그림 5〉 열린계와 닫힌계

정리하면, 중생의 색에 대한 변하지 않는 고정된 자성집착이 사전확률분포, 그리고 색을 포함한 육경의 변화의 관계적 모습이 케인즈

적 사건, 새로운 사유체계를 작동시키는 열린 시스템이 공사상으로서 사후확률분포로 비견할 수 있다는 것이 필자의 생각이다.

『금강경』에는 거의 40군데에 이르는 곳에 반복되는 유형의 문장 틀이 하나 있다. "A는 A가 아니기 때문에 A라 한다."라는 "즉비논리 卽非論理[71]"로 명명된 문장구조이다. 즉비논리[Just-not Logic]는 일체의 존재양식이 자성을 해체시키는 무자성 · 공에 바탕을 두고 자기 동일성이 없는 관계적 존재, 변화하는 존재, 흐름의 존재임을 선언한다는 점에서 제상비상諸相非相의 의미와 상통한다.

『금강경』의 즉비논리를 베이즈 이론의 관점으로 비견해보면, 'A

---

71) 『金剛般若波羅蜜經』(T8, 749a22-23), "왜냐하면 여래께서 육신이라고 말씀하신 것은 육신이 아니기 때문입니다(何以故 如來所說身相卽非身相)." ; 『金剛般若波羅蜜經』(T8, 749a25), "若見諸相非相則見如來" ; 『金剛般若波羅蜜經』(T8, 750b03), "是實相者則是非相。是故如來説名實相." ; 『金剛般若波羅蜜經』(T8, 751b02-03), "來説一切法皆是佛法。須菩提。所言一切法者。即非一切法°是故名一切法." ; 무비(2019), 56. "우리가 잘 아는 선어인 '산은 산이고, 물은 물이다. 산은 산이 아니고 물은 물이 아니다. 그러므로 산은 산이고 물은 물이다.' 역시 즉비(卽非)의 차원입니다. 첫 문장은 상식적인 차원이고, 두 번째 문장은 절대부정의 차원이며, 세 번째는 절대긍정의 차원입니다." ; 또한 동아시아 사유체계에서 즉비논리와 상즉하는 것은 노자의 『도덕경』 제1장 "도를 도라고 하면 상도가 아니며, 이름을 이름이라 하면 상명이 아니다(道可道非常道, 名可名非常名)"가 있고, 이의 문장구조의 특징에 비추어 파악할 수 있다. 즉 문장구조 "ㅁ可ㅁ非常ㅁ"는 『금강경』의 "즉비논리(卽非論理)"의 문장구조로 비견할 수 있다. 위의 문장구조를 즉비논리의 구조로 재배치하면 '도비상도가도'가 되고, 그 의미는 '도는 상도가 아니기 때문에 진정으로 가도라 할 수 있다.'라는 즉비논리의 구조로 전환이 가능하다.

라서'는 자성에의 집착으로서 사전확률분포와 상통하고, 'A가 아니라서'는 케인즈적 사건으로 비견되는데 그 이유는 현상계에서는 A는 인연조건에 따라 변화된 다양한 관계적 모습이 무량한 가유假有로 드러나므로 무량한 수의 변화된 A가 각각의 모습으로 가설假設되므로 A는 자성으로서의 A가 아닌 가유假有의 A로 존재를 드러낼 것이다. 변화된 A의 일체의 모습들, 즉 그것이 바로 케인즈적 사건이다.

모든 존재와 현상은 그 이면에 숨겨진 본체를 관찰하게 해 주는 하나의 상相에 지나지 않지만, 가유가 드러내는 일체의 제상諸相을 제대로 관자재觀自在할 수 있다면, 가유를 통해 제법의 실상을 볼 수 있다는 엄준한 안목이라 아니할 수 없다. '진정으로 A이다.'라는 어구가 뜻하는 바는 'A가 아니다.'를 증득하는 것이 바로 무자성·공의 열린 시스템으로 들어가는 것으로서 제법諸法의 변화와 흐름 그리고 제법의 상호관계를 실상實相으로 수용하는 베이즈 이론의 사후확률분포라는 작동기제와 상통한다.


몇 가지 사례를 들어 추가 설명한다. 위에서 규정한 A를 '부처'라고 가정한다면, "부처는 실체가 있는 아트만의 부처가 아니기 때문에 진정으로 무자성·공의 부처이다." 전형적인 '상식-절대부정-절대긍정'의 패턴이다. 부처는 부처로서 자성이 고정된 부처의 실체가 아니기에 부처라 한다. 부처는 무자성·공의 열린 시스템 자체이기 때문이다. 부처도 역시 인연조건에 따라, 맥락에 따라 변화한다는 관계적 모습의 틀을 벗어날 수 없다. 부처이든 누구든 일체의 존재는 변화의 속성을 가져야 만이 진정한 존재로 작동한다는 의미로 해석이 가능하다.

　마찬가지로 "자기는 자기가 아니라서 진정으로 자기이다." 자기自己는 자기가 실체가 아니라는 것을 깨닫는 순간 진정한 자기존재 방식인 무자성·공이 작동된다. 그러나 자기 자신을 고정된 자성의 자기라고 규정시켜 멈추는 순간, 무량한 자기존재 방식을 드러내는 무자성의 작동기제가 중지되고 만다. 베이즈 이론의 사후확률분포가 바로 무자성·공으로서 자기존재 방식을 규정하는 작동기제가 되는 이유이다.

　추가로 "진리는 진리가 아니기 때문에 진정으로 진리라 할 수 있다." 역시 마찬가지로 해석한다. 진리는 진리라는 자성 하나만으로 고착되어있지 않기 때문에 즉 진리 역시 변화하는 관계적 모습의 틀 속에 있다. 무량한 가유의 진리가 존재할 수 있으며 변화의 속성을 지닌다. 일시적 인연조건의 결합으로 무엇이든 잠시 관계적 모습을 나타내는 것일 뿐이다. 그것을 우리가 진리의 자성이라고 규정한다면 그것은 망상의 껍데기에 현혹된 것일 뿐이다. 무량한 가유의 진리를 존재하게 하는 것이 바로 무자성·공이자 베이즈 이론의 사후 확률분포의 기능과 상통한다. 아래는 이를 비교 정리한 〈표 9〉이다.

〈표 9〉 베이즈 이론과 공사상·즉비논리 비교분석

| 구분 | 베이즈 이론과 공사상·즉비논리 비교분석 | | |
|---|---|---|---|
| 베이즈 이론 | 사전확률분포 | 케인즈적 사건 및 추가적 정보 | 사후확률분포 |
| 공사상 | 색이라는 자성에 집착 | 현상계에서는 육경 [색·성·향·미·촉·법]의 변화된 모습이 무량한 가유로 드러난다. | 무자성·공에 의하여 제법실상의 열린 시스템 작동 |
| 즉비 논리 | A는 | A가 아니라서 | 진정으로 A이다. |
| | A라는 자성에의 집착 | 현상계에는 A뿐만 아니라 무량한 수의 A가 변화된 다른 모습으로 가설(假設)되므로 일체의 변화된 모습, 즉 케인즈적 사건을 수용하기 위한 자성해체의 방편이 필요하다. | 무자성·공에 의하여 제법실상의 열린 시스템 작동 |
| 비고 | 공사상과 즉비논리는 자성에서 벗어나지 못하는 중생의 기존의 사고체계를 뒤흔들어 혼란스럽게 하는 케인즈적 사건과 맞닥뜨리게 함으로써, 즉 무량한 가유의 현상계를 접하게 하고 이를 통해 첫째, 무자성·공의 원리를 체득하게 하며, 둘째로 자성을 파(破)하고 제법실상의 경계로 나아가게 한다. | | |

# 11

## 베이즈 이론과 용수의 『중론』및 원융중도

『반야경』에서 본격적으로 다루어지는 공사상은 용수에 이르러 철학적 체계를 가지고 대승불교 철학을 발생시키는 계기가 된다. 용수는 공의 개념이 붓다가 정각正覺에서 증득한 연기법의 이치와 일치하고 있음을 밝히고 있으며, 또한 부파불교 중의 하나인 설일체유부에서 주장한 법의 견해를 비판하여 공은 곧 무자성無自性인 것을 분명히 밝히고 있다.

용수는 『中論』의 삼제게三諦偈72)에서 공사상의 이론적 근거를 명확히 제시하고 있는데73), 이 사구게三諦偈가 공空 · 가假 · 중中 삼제三諦의 이치인 중도원리를 설한 게송이다. 이처럼 용수는 『中論』에서 공이 바로 연기를 전제로 하고 있음을 명확히 밝히고 있다. 상호의존적인 연기의 관계로 이루어졌기 때문에 연기의 관계를 떠나 있는 독자적인 성질로서의 자성이나 실체와 같은 것은 존재하지 않는 무자성이다. 『中論』의 중심내용은 '연기=무자성 · 공=가=중74)'의 관계로 표현될 수 있을 것이다.75)

아시다시피 『中論』 및 중도의 중中자는 시중時中76)과 적중的中의 중
자와 동일한 뜻으로 단순히 평균값(mean) 혹은 중앙값(median), 최
빈값(mode)77)으로 대표되는 중간이라는 개념이 아니라 '가로막은
장벽을 관통하고 꿰뚫는다.'라는 의미로서, 공과 가의 세계가 서로
양변兩邊의 세계로 분별적인 작용을 하는 것이 아니라, 서로 뚫려있
어 양변을 가로막는 격벽이 완벽히 제거되었음을 알려준다. 공의 세
계와 가의 세계가 상호 관통하여 경계를 넘나드는 '무경계 · 무격벽'

---

72) 『中論』(T30, 33b), "衆因緣生法 我說卽是無 亦爲是假名 亦是中道義" ; 『大智度論』(T25,
107a). "인연생의 법, 그것을 공상이라고 부르고, 또 가명이라고 부르고, 또 중도라고 부른
다.(因緣生法 是名空相 亦名假名中道)" ; Paul L. Swanson 저, 김정희 역(2018), 22, "대정
신수대장경에서는 無(비실체)로 번역하지만, 천태지의는 이 게송을 인용할 때마다 보다 정확
하고 일반적인 空을 사용한다. 구마라집의 원래 번역이 무였는지, 공이었는데 뒤에 바뀐 것인
지 알 수 없다." ; 나카무라 하지메 지음, 남수영 옮김, 『용수의 중관사상』, 도서출판 여래, 2014,
p.228. "연기인 것, 그것을 공성(空性)이라고 우리들은 부른다. 그 공성(空性)은 가명(假名)이
며, 그 공성(空性)은 중도(中道)이다."; 『妙法蓮華經玄義』(T33, 5a06-7), "圓三諦者. 非但中道具
足佛法。眞俗亦然。三諦圓融一三三一。(원융삼제란 중도뿐만 아니라 진제와 속제도 불법을 완
전히 갖춘다는 의미이다. 삼제는 완전하고 통합되어 하나인 셋이고 셋이 곧 하나이다."
73) 동국대학교 불교문화대학(2014), 앞의 책, 165.
74) 여기서 '='의 뜻은 연결과 즉(卽)의 의미로 사용한다. 수학적인 항등식의 의미와는 일치하지
않는다.
75) 동국대학교 불교문화대학(2014), 앞의 책, 166.
76) 시중(時中)은 『중용』 2장의 "군자가 중용을 이룸은 때에 맞게 하기 때문이다[君子之中庸也 君
子而時中]"라는 문장에서 확인된다.
77) 와쿠이 요시유키 · 와쿠이 사다미, 김선숙 역(2018), 34-36, "중앙값은 변량의 값을 크기 순으
로 늘어놓았을 때 꼭 중앙에 오는 수치를 말한다. 최빈값은 가장 빈도가 많은 데이터 값을 나
타낸다."

의 상태로 동작하는 원융중도의 세계를 상징적으로 보여주는 글자이기도 하다.

　『中論』의 삼제게를 통해 제시된 불교 프로토콜, 원융중도의 사유체계는 연기법과 삼법인의 제행무상·제법무아,『반야심경』의 "色即是空, 空即是色"의 공사상,『금강경』의 즉비논리로 표현되는 불교적 교법을 삼제게의 '중인연생법衆因緣生法' 및 '아설즉시무我說即是無'으로 포섭할 수 있으며, 역유역무, 비유비무의 불교 교법은 삼제게의 '역위시가명亦爲是假名' 및 '역시중도의亦是中道義'의 중도원리로 연결된다 하겠다. 화엄교학 사법계의 사사무애법계事事無礙法界도 마찬가지로 배대할 수 있는데, 이는 우주만유는 다미차별, 각양각색, 그리고 천차만별로 어느 하나도 독자적으로 고정되어 존재하는 것이 아니라 **'관계의 작동78)'으로 시시각각 변화하는 동적인 존재라는**

---

78) 카를로 로벨리 지음, 김정훈 옮김(2018), 136-137, "양자역학이 기술하는 세계에서는 물리계들 사이의 관계 속에서가 아니고는 그 어떤 실재도 없습니다. 사물이 있어서 관계를 맺게 되는 것이 아니라, 오히려 관계가 '사물'의 개념을 낳는 것입니다. 양자역학의 세계는 대상들의 세계가 아닙니다. 양자역학은 세계를 이런저런 상태를 가지는 '사물'로 생각하지 말고 '과정'으로 생각하라고 가르칩니다. 과정은 하나의 상호작용에서 또 다른 상호작용으로 이어지는 경과입니다. '사물'의 속성은 오직 상호작용의 순간에만, 즉 과정의 가장자리에서만 입자적인 모습으로 나타나고 그것도 오직 다른 것들과의 관계 속에서만 그러합니다. 그리고 그 속성들은 단 하나로 예측할 수 없으며, 오직 확률적으로만 예측할 수 있습니다."

**양자역학의 원리와도 같은 의미**로 귀결되는 것으로 추론할 수 있다. 삼라만상이 빚어내는 일체의 사건은 '관계'라는 붓다의 불법의 손바닥을 벗어나지 못한다.

중국 소설 서유기의 손오공은 붓다의 손바닥에서 벗어나지 못하고 갇히는 신세가 되는데 붓다의 손바닥은 연기법을 암시하는 것으로 볼 수 있기에 맥락의 상징이며 관계, 상호작용을 지칭한다. 제법은 부처님의 가르침인 연기법을 벗어나지 못함을 상징적으로 보여주는 에피소드라 할 수 있을 것이다.


또한『中論』의 귀경게는 원융중도의 원리를 팔불중도八不中道[79]의 사유체계로도 설명하고 있는데, 팔불중도의 하나인 '불생불멸不生不滅'에 대한 분석을 통해 팔불중도가 연기법의 이치와 연결되어 있으며 원융중도의 이치와 상즉함을 제시하겠다.

'불생불멸'의 구문을 문자 그대로 직역하면, '생이 없으면 멸이 없

---

79)『中論』(T30, 1b14-1b17), "不生亦不滅　不常亦不斷 不一亦不異 不來亦不出 能説是因緣　善滅諸戲論我稽首禮佛　諸説中第一":구마라집의 한역『중론』에서는 ①불생(不生)/불멸(不滅), ②불단(不斷)/불상(不常), ③불일(不一)/불이(不異), 그리고 ④불래(不來)/불출(不出)로 옮겨져 있는 이 팔불은 두 개의 대칭되는 개념이 한 쌍을 이루고 있다. 서로 대립하고 있는 여덟 가지 그릇된 개념을 연기법(緣起法)으로 타파하여 분별과 집착이 소멸된 공(空)의 지혜를 드러낸 것으로 해석되고 있다.

다.' '멸이 없으면 생이 없다.' **'생이라는 것은 멸하지 않는 것이 없다.'** '생은 반드시 멸한다.' 등으로 해석할 수 있다. 이를 부연 설명하면 불생불멸의 원리는 '생즉멸'의 이치와 상통하고, 생 속에 멸이 들어 있고, 멸 속에 생이 들어 있다라는 의미와도 통하며, 또한 생과 멸이 따로 없기에 **생도 없고 멸도 없게 된다**. 한 개체의 멸이 타 개체에게는 생이고, 타 개체의 멸이 한 개체에게는 생이다. 이렇듯 관점에 따라 달라지니 **전체적 관점**이라 할 수 있는 총상적 관점에서 조견하면 생도 없고 멸도 없게 된다. '멸이 없으면 생이 없다.'라는 어구가 말해주듯 동 어구의 핵심은 상호관계에 의해 일체가 작동한다는 연기법의 원리이므로 팔불중도는 연기법의 연장이자 확대된 관점을 표현한 것이 된다. 물론 나 개인의 생과 멸은 반드시 존재하지만, 그것은 별상적 관점을 고집하는 분별적 집착일 뿐이다.

　일체를 통섭하는 우주적 관점, 즉 총상적 관점에서 바라다보면, 흐름이 있을 뿐이고, 흐름이 관계를 만들고, 관계가 흐름을 만들기에 상호의존의 관계가 작용한다. 상호의존적 관계는 실체가 없는 무자성·공을 만들고, 양변兩邊, 즉 음양陰陽의 상호의존적 관계에서 작용하는 양가불이兩價不二의 원리로 귀결됨을 확인할 수 있다. 나머지 부단불상不斷不常, 불일불이不一不異, 그리고 불출불래不出不來도 동일하다.

　팔불중도의 원리는 A와 B로 나뉘는 이분법적, 양변적인 고정관념의 사유체계를 상호의존적 관계를 드러내는 '不A不B'의 사유체계로 상즉시키는 중도의 원리를 설명하고 있다. 천태지의의 십계호구[80]는 이분법의 상즉원리를 십분법의 상즉원리로 확대시키는 것으로 십계호구의 관점에서 보면 이분법의 분별구조를 십진법의 분별구조로 확대시켜 이해의 폭을 넓혔다. 십법계 중에서 어느 하나라도 없으면 다른 계의 존재도 있을 수 없다. 부처없이 나머지 9계[보살·연각·성문·지옥도·아귀도·축생도·아수라도·인간도·천상도] 역시 존재할 수 없다. 보살없이 나머지 9계[부처, 연각·성문·지옥도·아귀도·축생도·아수라도·인간도·천상도] 역시 존재할 수 없다. 나머지도 역시 상호의존적 관계로 존재한다. 마치 친구 속에 적이 있고, 적 속에 친구가 있듯이 부처의 꿈틀거림 속에 지옥도 있고, 천상도 있고 일체가 들어 있다.

십계호구는 이런 의미에서 삼라만상은 십계가 얽혀 구성된다는 것이며 어느 하나라도 결여되는 순간 십계로 구성된 세계는 나타날

---

80) 『妙法蓮華經玄義』(T33, 693c16-18), "此一法界具十如是。十法界具百如是。又一法界具九法界。則有百法界千如是。(하나의 법계가 십여시의 성격을 갖는다. 십법계는 백여시의 성격을 갖는다. 또 각각의 법계는 나머지 구법계를 갖는다. 그 결과 백법계와 천여시의 성격을 갖는다.)" ; 『摩訶止觀』((T46, 54a5-9), "夫一心具十法界。°一法界又具十法界百法界。一界具三十種世間°百法界即具三千種世間。此三千在一念心。(한 생각 혹은 하나의 마음一心이 십법계를 갖춘다. 각각의 법계가 또 십법계를 갖춘다. 그리하여 백법계가 (있다.) 각각의 법계가 삼십 종류의 세간을 갖춘다. 그리하여 백법계가 삼천 종류의 세간을 갖춘다. 삼천 종류의 세간은 한 생각에 갖추어진다.)"

수 없다. 그러므로 십계호구는 일체가 즉卽으로 통하는 원융적 중도의 세계를 설명하면서 일체즉일一切卽一이며 일즉일체一卽一切81)가 되는 경계를 드러내고 있다라는 깨우침이 성립된다.

십계호구가 지니는 원융중도의 의미를 10면 주사위를 예로 들어 비유할 수 있다. 십계와 숫자가 서로 대응하고 있다고 가정하면, 주사위를 한 번 던지면 동서남북 팔방과 상하로 시방세계를 상징하는 10개의 숫자 중의 하나의 숫자가 표면에 나타난다. 다시 각각의 2번째 3번째 계속해서 주사위를 던진다고 가정하면, 무한개의 숫자가 일렬로 연결되며 확장·팽창한다.

그러나 분별적 사고, 자성집착적 사고는 팽창하는 단계의 어느 시점에 어느 한 숫자만을 고집하면, 예를 들어 3이라는 숫자에 고착된

---

81) 본서에서 일(一)자의 의미는 어느 하나 서로 동일하지 않은 다미차별의의 광석들이 용광로에 함께 녹아서 분별이 없어진 무분별의 극치인 무자성·공, 나아가 원융(圓融)의 세계를 상징하는 것으로 해석한다. 만유로서의 일체가 서로서로 꿰뚫어 관통되어 작동하는 흐름의 세계로서, 즉 격벽(隔壁)과 격력(隔歷)을 넘어서는 경계이다. 그러므로 일즉일체는 공즉가를 뜻하며, 일체즉일은 가즉공을 뜻하여 공·가·중의 중도로 귀결된다.

82) 중도의 중(中)자는 시중(時中)과 적중(的中)의 중자와 동일한 뜻으로 단순히 평균값(mean) 혹은 중앙값(median), 최빈값(mode)으로 대표되는 중간이라는 개념이 아니라 '가로막은 장벽을 관통하고 꿰뚫는다'라는 의미로서, 공과 가는 서로 양변(兩邊)의 세계로 분별되어 따로 분리어 작동하는 것이 아니라, 서로 뚫려있어 격벽이 제거되었음을 알려준다. 공의 세계와 가의 세계가 상호 관통하여 경계를 넘나드는 '무경계'의 상태로 존재함을 뜻한다.

자성집착적 사고는 1단계에서 나온 3이라는 숫자와 중간단계에서 나올 수 있는 3이라는 숫자, 그리고 계속 이어지는 과정에서 발현되는 3이라는 숫자를 맥락적으로 동일한 숫자가 아님에도 불구하고, 3에 자성이 있다고 보기에 중생은 무명혹에 빠져 연기법의 이치를 무시한다. 지금 여기 당신 앞에 있는 숫자는 그저 하나의 인연일 뿐이고, 맥락이 빚어내는 관계의 소산일 뿐이지 영원불멸의 자기동일성을 지닌 자성적 존재가 아니다.

십계호구의 원리를 인정하지 않는다면 그것은 연기법을 부정하게 되는 우를 범하게 된다. 상호의존적 관계의 연기법이 있기에 각 단계별 3이라는 숫자는 가유의 숫자로 가설된 것에 지나지 않는다. 이렇듯 십계호구가 제시하는 메시지는 무량한 맥락과 무작의 맥락이 작용하는 확장과정 중의 임의의 단계 및 시점에서의 어떠한 숫자라도 자성이 있을 수 없어 무자성·공에 의거한 가유로 가설된 존재라는 점에서 십계호구가 작동하는 세계의 특징은 중도실상이라는 점이다.

이제 베이즈 이론의 관점으로 비견해보면, 베이즈 이론의 작동원리가 불교 교법인 『中論』의 공·가·중[82] 삼제게로 선해禪解되고 있음을 목도 할 수 있다. 아래의 〈표 10〉는 베이즈 이론을 『中論』의 삼제게로 총상적으로 정리한 것이다. 베이즈 이론을 적용함에 있어 원융중도의 공·가·중 사유체계는 베이즈 원리가 지속적으로 갱신되는 순환과정을 거쳐 완성된다는 점을 섭수한다. 중생의 고정된 자성 집착이 1차 사전확률분포, 그리고 색을 포함한 육경의 변화가 케인즈적 사건, 이를 반영하는 열린 시스템의 공사상이 1차 사후확률분포가 되며, 이후에 무량한 가유의 세계에 직면하는데 이것이 갱신된 케인즈적 사건을 가리키며, 이를 반영하는 사유체계가 중도로 비견할 수 있다는 것이다. 이러한 유·공·가·중[83]의 갱신과정이 끊임없이 지속되는 것이 인공지능의 학습방식이라는 점에서 불교 프로토콜로서의 원융중도와 상통한다.

〈표 10〉의 '유제有諦'라는 용어는 『維摩經玄疏』에서 밝힌 삼제의 정의에서 인용한 것으로 필자는 이 책에서 가유의 세계를 드러내는 속제와 구분하여 설명하겠다.

> "삼제의 이름과 의미는 『영락경』과 『인왕경』을 따른다. 첫째, 유제 둘째, 무제 셋째, 중도제일의제이다. 유제는 세간 범부의 마음이 인식하는 진실을 말한다. 이는 유제, 또 속제라고 한다. 무제는 세간을 초월

---

83) 중생의 자성에의 고착되어 분별에서 벗어나지 못함을 '유(有)'라고 약칭하였다.
84) 『維摩經玄疏』(T38, 534c19-25), "三諦名 義具出瓔珞仁王兩經° 經云。一有諦二無諦 三中道第一義諦。有諦者。如世人心所見理名爲有諦。亦名俗諦。無諦者。出世人心所見理名爲無諦。亦名眞諦。中道第一義諦者。諸佛菩薩之所見理名中道第一義諦° 亦名一實諦。"; Paul L. Swanson 저자, 김정희 역자(2018), 17.

한 사람의 마음이 인식하는 진실을 말한다. 이는 무제 또 진제라고 한다. 중도제일의제는 부처와 보살이 인식하는 진실을 말한다. 이는 중도제일의제, 또는 일실제一實諦라고 한다."84)

또한 사종사제四種四諦, 즉 생멸·무생·무량·무작의 사제는『마하지관』에서 밝힌 정의를 인용한다.

"사종사제의 범주는 천태지의 자신이 『대반열반경』,「성행품」에 근거한다고 주장하지만, 그의 창작물이다. 『대반열반경』은 여덟 종류의 괴로움 팔고八苦, 괴로움의 다양한 원인 등을 설명하면서 사성제에 관해 자세히 논의하지만, 사종사제는 지의에게서 나온다. 사성제는 하나뿐이므로, 사종사제는 네 가지의 사성제가 아니라 사성제를 이해하는, 또는 바라보는 네 가지 태도를 말한다.

1. 생멸사제生滅四諦 : 이는 현상의 끊임없는 변화를 강조하는 관점이다. 모든 것은 원인과 조건의 상호의존적인 그물망에서 끊임없이 일어나고 끊임없이 사라진다. 지의가 말하듯이, 이 관점에 따르면, '괴로움은 세 가지 모습 (생성, 변화, 소멸)으로 옮겨가며, 괴로움의 원인은 네 개의 (번뇌로 물든) 마음으로 흘러 움직이며 도는 (번뇌)를 조복하고 제거하는 것이며 괴로움의 소멸은 유를 소멸시켜 무로 돌아가는 것이다.' 지의에 따르면, 이는 '변화[變異]'의 영역이다. 이는 게송의 첫 구절, 즉 '모든 것은 조건에 의존해서 일어난다.' 에서 나타난 관점이다.

2. 불생멸사제不生滅四諦 : 이는 모든 존재의 공함을 강조하는 관점이다. 실체가 없기 때문에 실재의 생겨남도 없고 실재의 소멸도 없다. 괴로움은 진짜 있는 것이 아니고 그리하여 괴로움의 진짜 원인도 없다. 정의에 따르면, 모든 조건 지어진 것들은 영원하고 불변의 자기-존재적인 실체를 갖지 않는다. 그렇다면 무엇이 진짜 일어나고 사라질 수 있는가? 이는 게송의 두 번째 구절, 즉 '나는 공이라고 말한다.'에서 나타난 관점이다.

3. 무량사제無量四諦 : 이는 모든 존재가 실체를 갖지 않지만, 일시적이고 관습적인 존재로서 수많은 양상이 있음을 강조하는 관점이다. 지의가 지적하듯이, 하나의 법계에서도 수많은 괴로움이 있는데 다른 법계(지옥계에서 불법계) 모두에는 얼마나 많겠는가? 수많은 괴로움은 '탐욕, 분노, 어리석음, (번뇌로 물든 다양한) 마음의 (활동), 몸, 말'과 같은 수많은 원인을 갖는다. 그리하여 수많은 특징을 갖는 수행도가 있다. 학문적인 분석, 신비적 통찰, 거칠거나 교묘한 방편, 굽은 방법이나 바른 방법, 길거나 짧은 방법, 임시적이거나 완전한 가르침 등이다. 최종적으로 수많은 모습의 소멸이 있다. 없애야 할 번뇌와 망상이 헤아릴 수 없기 때문이다.

지의는 이 모두가 '관습적인 말'의 관점에 따른 것이며, 궁극적으로 모든 것에는 실체가 없기 때문에 어떤 분별도 없다고 지적한다. 그럼에도 불구하고 사람들이 관습적으로 말한다는 것을 알고 있는 한,

'이러한 분별에 오류나 혼란은 없다.' 이는 게송의 세 번째 구절인 '다시, 이는 가명이다.'에서 나타난 관점이다.

　　4. 무작사제<sup>無作四諦</sup> : 이는 개념화와 언어적 분별을 넘어서는 궁극적 진실의 표현이다. 괴로움, 그 원인, 그 소멸, 그리고 수행도 사이에는 어떤 차이도 없다. 모든 것은 하나이다. 이는 게송의 네 번째 구절인 '다시, 이는 중도의 의미이다.'에서 나타난 관점이다."[85]

---

85) 『摩訶止觀』(T46,5b15), "謂生滅無生滅無量無作°";『摩訶止觀』(T46, 5b16-5c16), ;『摩訶止觀』(T46,5c27-6a01), "又中論偈云°因緣所生法°即是生滅°我説即是空°是無生滅°亦名爲假名°是無量°亦名中道義°是無作°"; Paul L. Swanson 저자, 김정희 역자(2018), 12-13. :천태지의는 『마하지관』에서 '공=무생=무생멸'로 표현하기도 함을 알 수 있다. 『중론』삼제게와 사종사제(四種四諦)가 상호 동등한 사유체계임을 설명하고 있다. 즉, 인연소생법=생멸, 공=무생멸, 가=무량, 중도=무작이 그것이다. 위에서 언급한 자성·생멸·무생·무량·무작의 의미를 주사위를 예로 들어 설명할 수 있다. 1은 1이고, 2는 2이고, 각각의 숫자는 고정불변한다는 사유가 자성고착이고, 생멸은 인연조건에 따라 1에서 2, 2에서 3, 그리고 6에서 1 등으로 이동하면서 끊임없이 다른 숫자로 변할 수 있다는 '흐름'으로 설명할 수 있으며, 무생은 주사위의 숫자는 인연생기의 결과이므로 주사위의 숫자는 실체가 없는 것이나 다름없다는 사유이며, 무량은 무생임에도 불구하고 지금 여기의 현상계에서는 주사위의 숫자가 가립으로 존재함과 동시에 하나의 숫자는 나머지 5개의 숫자와 관계를 맺으며 드러난다. 드러날 수 있는 1이라는 숫자의 종류가 인연조건에 따라 다르게 무량이고, 나머지 숫자도 맥락에 따라 무량으로 나타난다는 의미에서 무량이고, 나머지 5개의 숫자가 하나의 숫자를 결정짓는 상호관계의 구조로 작동한다는 점에서 상호격력·격벽을 벗어나지 못한다는 점이 특징이다. 무작이란 일체의 숫자가 무량으로 나타나면서도 예를 들어, 1은 나머지 5개의 숫자[23456]와의 상호관계에 의해 가유로 결정됨과 동시에 추가로 한 단계 더 올라가 1에는 나머지 5개의 숫자[23456]도 포함되어 있는 호구(互具)의 개념이 작동하는 경계이다. 즉 1은 2이기도 하고, 3,4,5,6이기도 하다. 1=2=…=5=6. 왜냐하면 1은 가유의 숫자이기에 언제든지 다른 숫자도 가능하다는 것을 보여주는 상징적 수단일 뿐이며, 1은 모든 나머지 숫자로 즉각 상전환(相轉換)이 가능하다는 상즉의 의미를 가지고 있기 때문에, 이미 다른 숫자도 내재하고 있다는 십계호구(十界互具)의 사

그리고, 종가입공관從假入空觀, 종공입가관從空入假觀, 중도정관中道正觀의 불교 프로토콜은 『천태소지관』등의 정의를 인용한다.

"종가입공관은 현실세계인 가를 초월하여 공을 깨닫는 것이다. 그런데 현실세계인 가는 속제에 속하고, 진리세계인 공은 진제에 속한다. 이는 속제를 잘 관찰하여 진제의 공을 깨닫는 것이다. 종공입가관은 공을 체득해서 그것을 현실세계에 응용하는 것이다. 여기서는 현실세계인 가를 버리지 않는다. 오히려 가에 뛰어든다. 이것은 가가 공과 다르지 않다고 보는 것이다. 그래서 평등관이라고 한다. 종공은 공을 여의는 것이고 입가는 중생의 근기에 맞추어 보살행을 한다는 것이다.[86] 중도정관 혹은 중도제일의관은 일체는 공한 것도 아니고 가한 것도 아니지만, 또한 공과 가의 법을 무너뜨리지도 않는다."[87]

---

유체계이다. 그러므로 무작이란 '일즉다, 다즉일', 사사무애법계의 원리가 작동하는 경계이기도 하다. 조금더 확대하면 무작의 경계는 위에서 언급한 주사위라는 체계 자체를 버리고, 새로운 체계로 변화시키는 능력이라고도 할 수 있다. 스스로 자기만의 주사위를 만들어 내는 능력이다. 주사위라는 계내적 한계를 벗어나 非주사위라는 계외적 체계를 생성하는 경지를 말하는 것으로 이해할 수 있다.

86) 혜명(2011), 173-174.
87) 『修習止觀坐禪法要』(T46, 472b19, 472c05, 472c14, 472c18), "是名從假入空觀.", "乃是從空入假觀.", "是名中道正觀.";『修習止觀坐禪法要』(T46, ,472c14), "心性非空非假. 而不壞空假之法.";혜명(2011), 173-174.
88) 책에서는 목적상 자성고착의 사유체계를 지닌 범주를 표현하기 위해 '중생'이라 표기한다. 중생이 번뇌 때문에 각종의 악업을 행하고 그 결과 고(苦)가 그 사람의 삶에 누출(漏出)되어 나타

| 베이즈 이론과『중론』의 삼제게 및 원융중도의 비교 | | | |
|---|---|---|---|
| 불교 프로토콜 | | | 베이즈 이론 |
| 유루법<br>(有漏法) | 중생[자성]88] | 자성에의 고착<br>유제(有諦) | 1차 사전확률분포 |
| 인연소생법<br>(因緣所生法)<br>생멸(生滅) | 아설즉시공<br>(我說卽是空) | 무자성·공<br>진제(眞諦)<br>무생(無生)<br>종가입공관 | 1차 사후확률분포 |
| | 역명위가명<br>(亦名爲假名) | 가제(假諦)<br>속제(俗諦)<br>무량(無量)<br>종공입가관 | 케인즈적 사건 및<br>추가적 정보 |
| | 역시중도의<br>(亦是中道義) | 중제(中諦)<br>진속불이<br>(眞俗不二)<br>중도정관<br>무작(無作)<br>즉(卽) | 2차·3차·4차…<br>N차의 갱신<br>사후확률분포 |

---

나고 번뇌와 고의 이러한 누출로 인해 혹(惑)·업(業)·고(苦)의 삼악도를 전전하면서 미혹의 세계[迷界]를 유전(流轉: 끊임없이 윤회함)하게 된다는 것을 상징한다.

다섯 번째 강의

선종의 공안과 베이즈 이론

이 책의 앞부분에서 언급한 바 있듯이 인간의 사유체계란 뇌과학의 총체라 할 수 있는 커넥텀으로 규정할 수 있다. 불교의 사유체계는 그런 의미에서 뇌과학이며 커넥텀이다. 유유[有有, 일체는 분별된다], 유무[有無, 일체는 무생의 공이다], 무유[無有, 그럼에도 공은 假有로 무량하다], 무무[無無, 알고 보니 무작의 사사무애법계의 세계이다]로 전개되어 온 불교의 사유체계를 요약하는 유·공·가·중의 사유체계가 선종의 공안 이면에 오롯이 함의되어 있음을 확인할 수 있다고 생각한다. 그러므로 불교 프로토콜의 관점에서 교종의 원리에 이어 선종의 개별 공안들을 베이즈 이론으로 접근하여 해석하려는 시도는 공나름의 의미가 있다 하겠다.

선종의 화두 타파의 본래적 의미는 자성에의 집착으로 꽉 막힌 곳을 뚫고, 의문 덩어리를 깨뜨리며 터져 나오는 강력한 분출의 에너지와 통하는데 이런 점에서 화두는 프레임에 갇힌 현대사회의 사고의 틀을 창발적으로 재구성시킬 수 있는 무척 소중한 자산이라 여겨진다. 이처럼 인간의 사유체계를 소주所住에서 응무소주應無所住로 대전환시키는 장치로서의 선종의 화두타파는 인문과학적 사유의 총지摠持의 하나라 할 수 있으며, 나아가 창의적 사고를 증득시키는 수승한 전형적 방편의 하나라 할 수 있다.

# 12

## 선문답의 언어표현

    선사들이 문답하는 화두의 법거량 방식은 상식성을 초월하는 언어도단 자체이다. 이러한 법거량은 상식적 평상적 의사소통이 목적이 아니라, 고승은 수행승의 선기禪機와 나름의 안목을 숨김없이 내보이라고 재촉하는 것이고, 수행승은 스스로의 견처見處를 고승에게 드러내는 도구적 방편이다.

    여기서 말하는 수행승의 안목이나 견지는 도道[혹은 선기禪機]에 대해서 얼마나 알고 있느냐가 아니라, 얼마나 체험하고 성취했느냐를 묻는 것이다. 아래 향엄香嚴의 이야기를 통해 확인할 수 있다.

---

89) 이에 대해서는 다양한 관점의 해석이 가능한데 필자는 '서적'을 태워버리는 행위는 공관을 상징하며, 떠돌이 중이 되는 것은 가관이라고 생각한다. 그리고 기와조각과 대나무가 부딪혀 내는 소리를 듣는 마음은 찰나의 관계가 드러나는 순간이다. 향엄의 마음과 기와 조각과 대나무가 충돌하는 시중의 순간에 소리가 난다는 뜻으로서 일체가 관계적 모습임을 상징한다. 즉, 향엄의 마음도 아니고, 기와도 아니며, 대나무에도 걸리지 않는 중도임을 드러내고 있다.

"향엄은 백장의 문하에 있었는데, 아는 것이 많고 말재주가 뛰어나 대중들 가운데 말로서는 그를 당할 자가 없을 정도였지만, 선문禪門에 들어가지는 못하고 있었다. 백장이 죽고 나서는 위산潙山의 문하에 들어갔는데, 위산은 향엄의 말재주가 단지 지식에서 나오는 것일 뿐 근원을 통달한 것이 아님을 알고서, 어느 날 그에게 말했다. '내가 듣기로 그대는 백장선사의 처소에 있을 때 하나를 물으면 열을 답했고, 열을 물으면 백을 답했다고 하더라. 그런데 ①이것은 그대가 총명하고 영리하여 뜻으로 알아차리고, 식으로 헤아리는 것이니 바로 생사의 근본이 된다. 이제 부모가 그대를 낳기 이전의 일을 한마디 해보라.' 향엄은 한참 궁리한 후 몇마디 대답을 했으나 위산은 하나도 용납하지 않았다. 마침내 향엄이 위산에게 **가르쳐 줄 것**을 부탁하였으나 위산은, '내가 만약 그대에게 말해준다면 그대는 뒷날 나를 욕할 것이다. ②내가 말하는 것은 나의 것일 뿐, 결코 그대의 일과는 상관이 없다.' 라고 말할 뿐이었다. 처소로 돌아온 향엄은 평소 보아왔던 **서적을 뒤져서** 대답을 찾았으나, 결국 찾지를 못하자 이제껏 보아왔던 **서적을 몽땅 불태워 버리고는**, 불법 배우는 일을 포기하고 **떠돌이 중**이나 되겠다고 결심한다. 그리하여 위산을 하직하고 남양南陽으로 건너가 혜충국사의 유적遺跡에서 머물렀다. 그러던 어느 날 향엄은 풀을 베다가 우연히 기와 조각을 던졌는데 그것이 대나무에 부딪혀 소리를 내자 **홀연히 깨달았다.**[89] 향엄은 급히 돌아와 목욕하고 향을 피우고는 멀리 위산을 향하여 절을 올리고 찬탄하여 말했다. 스님의 자비스런 은혜는 부모의 은혜보다도 큽니다. 그때 만약 저에게 말해주셨더라면 어찌 오늘이 있었겠습니까?"[90]

①은 아무리 이치에 맞는 말이더라도 뜻으로 알아차리고 사전적 지식의 체계인 분별적 식識으로 주장하는 말은 과거의 답습일 뿐이지 결코 관점의 전환으로서의 깨달음을 나타낼 수 없다는 의미이다.

또한, 새로운 경험, 새로운 사건, 새로운 자극에 노출시키는 스스로의 체험이 없으면 살불살조의 깨우침을 증득할 수 없다는 것을 ②에서 알 수 있다. 이는 기존의 고정관념에 의지하는 바 없이 홀로 독자적으로 깨달아 깨달음의 새로운 지평을 열고 확장시키는 것임을 강조하는 것이라 볼 수 있다.

그러나 아무리 부처님이라도 염화미소拈華微笑[91]에서 알 수 있듯이

---

90) 『五燈會元』卷第九, 南嶽下四世, 鄧州香嚴智閑禪師(X80n1565, p0191a01-a12), "靑州人也。厭俗辭親。觀方慕道。在百丈時性識聰敏。參禪不得。泊丈遷化。遂參潙山。山問。我聞汝在百丈先師處。問一答十。問十答百。此是汝聰明靈利。意解識想。生死根本。父母未生時。試道一句看。師被一問。直得茫然。歸寮將平日看過底文字從頭要尋一句酬對。竟不能得。乃自歎曰。畫餠不可充飢。屢乞潙山說破。山曰。我若說似汝。汝[A19]已後罵我去。我說底是我底。終不干汝事。師遂將平昔所看文字燒却。曰。此生不學佛法也。且作箇長行粥飯僧。免役心神。乃泣辭潙山。直過南陽覩忠國師遺跡。遂憩止焉。一日。芟除草木。偶抛瓦礫。擊竹作聲。忽然省悟。遽歸沐浴焚香。遙禮潙山。讚曰。和尚大慈。恩逾父母。當時若為我說破。何有今日之事。"; 김태완(2001), 60-61.

91) 『無門關』(T48, 293c12-293c16), "世尊拈花 世尊昔在靈山會上。拈花示衆。是時衆皆默然。惟迦葉尊者破顏微笑。世尊云。吾有正法眼藏涅槃妙心實相無相微妙法門。不立文字敎外別傳。付囑摩訶迦葉。"

인간인 이상 존재론적 한계인 육근과 육경을 벗어날 수 없기에 불가불 꽃을 들어 보이고 미소로 화답하는 등의 색色을 이용한 의사소통을 할 수밖에 없다. 언어를 사용하건, 소리나 색色을 이용하건 간에 스승은 깨달음의 견처見處에서 제자의 안목을 시험하는 것이다. 따라서 선문답은 스승의 안목을 정확히 알 수 없다면 그 의미를 읽어내기가 불가능할 수도 있다는 것을 전제로 한다는 점에서 이는 '한계 속의 탈한계'를 추구하는 불교만의 독특한 수행방식이다.

# 13

## 화두를 푸는 선종의 기본적 사고의 틀[Frame]


선종禪宗 화두참구를 작동시키는 무심無心·무분별無分別의 원칙은 불립문자不立文字92) 등 6가지로 구체화시킬 수 있다. 이의 함의는 경전, 문자, 언어, 그리고 마음이 빚어내는 분별적 경향성에 매몰되지 말고, 대본화된 경전을 벗어나도록 하는 교외教外, 문자에 함몰되지 않도록 하는 불립不立, 말에 흔들리지 않도록 하는 도단道斷 그리고 마음이 분별하지 않도록 하는 처멸處滅의 바탕으로서의 무자성·공의 원리를 철저히 체득하고 이에 근거한 중도사유를 깨달으라는 가르침으로 생각해 볼 수 있다.

---

92) 가산 이지관((2009), 『가산불교대사림』 권1, 594.; 권11, 332-334.

## 가. 교외별전(敎外別傳)·불립문자(不立文字)

불교의 진수는 어떤 경전의 문구에도 의하지 않고, 마음에서 마음으로 직접 체험에 의해서만 전해진다고 말한다. 자성에의 고착처럼 경전의 문구와 문자에서 벗어나지 못하는 행위를 여의어야 한다는 가르침이다. 경전과 문자는 일종의 임시적 대본으로서 한 편의 드라마를 만들기 위해 동원된 방편에 지나지 않는다. 드라마의 취지가 바뀌거나, 작가가 바뀌거나, PD가 변경되면 배우와 대본 역시 바꿔야 하듯이, 변화를 담지 못하는 경전의 문구에 고착되지 말고 벗어날 수 있어야 함을 가르치고 있는 원칙이다.

## 나. 언어도단(言語道斷)·심행처멸(心行處滅)

언어에 의해서 표현할 수도, 사고로 생각하여 짐작할 수도 없다는 의미, 심행처멸心行處滅은 마음의 분별작용이 미치지 못하는 절대경계의 본체심本體心. 곧 사량분별思量分別이 끊어진 경계를 말한다. 자성고착의 분별적 사고를 초래하는 언어의 한계성과 마음의 분별성을 밀어내고 무자성·공에 기반하여 무위진인無位眞人의 대자유인이 되라는 원칙으로 설명할 수 있다.

## 다. 직지인심(直指人心)·견성성불(見性成佛)

눈을 외계로 돌리지 말고 자기 마음을 곧바로 잡을 것, 즉 사량에 매몰되거나 차원 내에 갇히는 계내적界內的 판단에서 벗어나 계외적界外的 직관을 하라는 가르침이다. 그렇게 함으로써 인간이 본래부터 가지고 있는 불성을 깨달아 자기 자신이 본래 부처였음을 알게 되고 그대로 부처가 된다. 선종에서 깨달음을 설명한 말로 교학에 의지하지 않고, 좌선에 의해서 바로 사람의 마음을 직관하여, 불佛의 깨달음에 도달하는 것을 가리킨다.

이제 선종禪宗 공안公案이 함의하고 있는 무자성·공에 의거한 자성해체自性解體의 방식이 '사전확률분포-추가 케인즈적 사건-사후확률분포'로 이어지는 인공지능의 베이즈 이론과 연결됨을 사례를 들어 구체적으로 밝히겠다. 이를 위해 본서는 청원유신의 산수론山水論과 『선종무문관禪宗無門關』, 『종용록從容錄』 및 『경덕전등록景德傳燈錄』 등의 공안을 선택하여 필자의 논지를 풀어나가는 근거로 제시하겠다.

# 14

## 불교 프로토콜 및 베이즈 이론에 입각한 선종의 주요 공안 분석

### 1) 청원유신 선사의 산수론(山水論)

청원유신[93]의 법어는 다음과 같다.

"노승이 삼십 년 전 참선하기 전에는 '산은 산이고 물은 물이었다.' 그 뒤 선지식을 만나 어느 정도 경지에 이르렀을 때 '물은 물이 아니고 산은 산이 아니었다.' 그러나 이제 마지막 쉴 곳인 깨달음을 얻고 보니 '산은 다만 임시의 산이고 물은 다만 임시의 물이도 다. 그대들이여, 이 세 가지 견해가 같은 것이냐, 다른 것이냐? 이것을 가려내는 사람이 있으면 그대가 이미 노승을 친견했음을 인정하겠다."[94]

---

93) 당나라 때 임제종 황룡파의 스님.
94) 『續傳燈錄』(T51, 614b29-614c05), "老僧三十年前未參禪時。見山是山見水是水。及至後來親見知識有箇入處。見山不是山。見水不是水。而今得箇休歇處。依然見山秖是山。見水秖是水。大眾這

먼저, 산수론[95]의 경계별 의미를 서술하고 이것이 공空 · 가假 · 중中 삼제 및 베이즈 이론과 어떻게 비견되는지를 검증하기 위해 경계별 의미를 해석한 것이 아래의 표이다.

<표 11> 불교 프로토콜에 입각한 산수론의 해석

| 구분 | 산수론의 경계 | 본고의 해석 |
|------|------------|-----------|
| 제1경계 | [有本質(유본질)+ 分節(분절)] 분별지[96]의 세계 | 모든 것을 유라고 주장. 세상은 유본질적으로 깔끔하게 分節(분절)[구분되어]되어 있다. 산은 물이 될 수 없고 물은 산이 될 수 없다. 자신의 마음이 일으키는 망상분별로 산과 물은 구별된다. 산은 산의 본질이 있고 물은 물의 본질이 있다. 사물과 나는 분리된다. |
| 제2경계 | [無本質(무본질)[97]+ 無分節(무분절)] 무분별지의 세계 | 어느 정도의 깨달음으로 바라보면 세계는 달리 보인다. 산과 물은 가화합물로 구성되어 있을 뿐이다. 산도 물도 나 자신도 본질이 없다. 무본질이다. 산도 공(空)이고 물도 공(空)이기에 산이 물이 되고 물이 산이 된다. 무분절의 세계가 펼쳐진다. 나도 없고 내가 생각하는 산도 없고 내가 생각하는 물도 없다. 무본질과 무분절은 세계가 무량의 다미차별로 변화하고 있음을 함의한다. |

---

三般見解是同是別。有人緇素得出。許汝親見老僧。"

95) 이즈쓰 도시히코(2013), 194-199.
96) 이지관(2008), 제10권, 1122. : 유분별지(有分別智)라고도 한다. 생멸변화하는 물심(物心)의

| | | |
|---|---|---|
| 제3경계 | [無本質(무본질)+<br>假分節(가분절)]<br>무분별후득지[98]의<br>세계 | 분절은 돌아오지만 본질은 돌아오지 않는 경<br>계. 제1경계의 분절세계와 제3경계의 가분절<br>세계는 결정적인 차이가 있다. 산도 있고 물도<br>있지만, 그러나 그들 산과 물에는 본질이 없<br>다. 이를 가리키는 어휘가 " 다만 임시의 산이<br>고 다만 임시의 물이다."에서 나타난 "다만"이<br>란 단어가 그것이다. "다만"이란 단어는 "가<br>(假)"의 세계를 상징한다. 자성이 해체된 가유<br>의 세계를 표현한 것이다.<br>無分別智(무분별지)[99]를 획득한 후의 분별이<br>작동하는 경계로서, 나도 없고 산도 없고 물도<br>없어 내가 곧 산이요 물이지만, 지금 여기 있<br>는 가유의 나와 산과 물은 있다. '있지만 있는<br>것이 아니고, 없지만 없는 것이 아닌 공(空)이<br>면서 가(假)인 격력중도(隔歷中道)의 세계'를<br>상징한다. |

모든 현상을 분별로만 파악하는 지혜. 유위의 事相에 대하여 분별하는 지혜. 범부의 지위에서
는 허망하게 헤아리며 분별하는 망상이며, 佛地에서는 방편을 발휘하는 후득지이다. 범부의
허망한 분별을 떠나면 무분별지와 사용하게 되는데, 이것이 근본적인 진실한 지혜이다.

97) 사물의 무본질성을 『반야경』과 『중론』이래의 술어로는 공이라고 부른다. 불교에서 본질에 해
당하는 말은 자성이기 때문에 무본질성의 의미로서 공을 무자성(無自性)이라고도 말한다.

98) 모든 분별이 끊어진 경지에 이른 후에 다시 차별 현상을 있는 그대로 확연히 아는 지혜. 분별
이 완전히 끊어진 지혜의 의미는 최고의 교만이 바로 가장 겸손함과 다르지 않다는 것을 알아
채는 수준의 지혜이다. 해서 본적일여(本迹一如)는 물론이고, 미오일여(迷悟一如)도 성립한
다. 최고로 악한 것이 최고로 선한 보리와 다를 바 없다. 분별이 완전관해(完全寬解)된 공이므
로 그렇게 귀결된다.

99) 지식(知識)은 불교의 입장에서 보면 분별이다. 즉 모든 지식은 분별을 의미한다. 잘 분별할 줄
아는 사람이 지식인이라 한다. 그러나 분별은 사물의 진실을 볼 수는 없다. 분별은 기준 준거
가 필수적 전제조건이기에 전제조건이 충족되지 못하는 경우 판단할 수 없어, 그 실체를 보는
것이 불가능하다. 예를 들어 긴(長) 것과 짧은(短) 것은 상대적이지 절대적 분별이 아니다. 무
분별이 필요한 이유이다.

이제 산수론의 공안이 보여주는 '자성고착[有] - 무자성[空] - 가유(假)-중도中道'로 이어지는 구조와 베이즈 이론의 3가지 구성요소인 '사전확률분포 - 케인즈적 사건 및 추가적 정보 - 사후확률분포'의 순환구조가 서로 맥을 같이 한다는 것을 중론의 삼제게三諦偈를 기준으로 해서 정리한 것이 아래의 〈표 12〉이다. 베이즈 이론의 1차 사전확률분포는 유본질·유분절, 1차 사후확률분포는 무본질·무분절, 케인즈적 사건 및 추가적 정보는 무본질·가분절로 분해 비견할 수 있으며, 산수론에선 구체적으로 원융중도의 세계인 "무본질·가분절·무분절"100]의 제4경계까지는 드러내어 설하지는 않았지만, 본 연구의 관점은 무본질의 공과 가분절의 가는 공가불이空假不二임을 함의하고 있어 중도의 사유체계와 즉하고 있다는 판단이다. 이로써 불교의 프로토콜과 산수론의 공안이 인공지능의 주요 작동기제인 베이즈 이론과 연결되고 있음을 확인할 수 있다.

---

100) 이즈쓰 도시히코(2013)『의식과 본질』에서는 '무본질·가분절·무분절'의 제4경계 개념을 도입하지 않았지만 본고의 판단은 원융중도의 사유체계는 본질이라는 자성도 없고, 가분절의 분절조차 찰나찰나 다른 모습으로 변하는 무작의 경계를 이르므로, 이를 무분절로 규정할 수 있다. 그러므로 이는 '무본질·가분절·무분절'의 개념으로 새로이 정의할 수 있다. 산이 없다는 의미의 무본질이 아니라 가분절의 산이 그 상(相)을 변화시킨다는 의미의 무분절이다. 달리 말하면 무본질조차 사라지고, 가분절과 가분절들이 서로 상호작용하고 상호의존하는 '가분절·무분절'의 무작세계를 지칭한다. 앞의 주)에서도 주사위의 사례를 들어 설명한 바 있지만 에베레스트의 정상에 도달하는 루트를 통해 추가로 설명한다. 에베레스트를 등반하는 코스가 하나로만 정해져 있고, 다른 길은 절대로 없다는 사고방식이 자성에의 고

| 중론의 삼제게(三諦偈) · 산수론 · 베이즈 이론의 비교 | | | |
|---|---|---|---|
| 불교 프로토콜 | | 선(禪):산수론 | 베이즈 이론 |
| 유루법<br>(有漏法) | 중생[자성] | 유본질 · 유분절 | 1차 사전확률분포 |
| 인연소생법<br>(因緣所生法) | 아설즉시공<br>(我說卽是空) | 무본질 · 무분절 | 1차 사후확률분포 |
| | 역명위가명<br>(亦名爲假名) | 무본질 · 가분절 | 케인즈적 사건 및<br>추가적 정보 |
| | 역시중도의<br>(亦是中道義) | 산수론에선 구체적으로 원융중도의 세계인 제4경계라 규정할 수 있는 '무본질 · 가분절 · 무분절'을 드러내어 설하지는 않았지만, 본고의 생각은 무본질의 공과 가분절의 가는 공가불이(空假不二)임을 함의하고 있어 중도의 사유체계와 즉하고 있다고 판단한다. | 2차 · 3차 · 4차...<br>N차의 갱신<br>사후확률분포 |

착이다. 고정된 루트가 정해져 있지 않다고 주장하는 것이 무자성 · 공이기에 스스로의 선택으로 루트를 개척할 수 있다는 잠재성이기에 무생의 루트이다. 그러한 루트는 등산가의 근기와 상황에 따라 셀 수없이 많기에 무량인 가유의 세계를 만들어 내지만, 그러나 그 무량의 루트는 하나하나가 차별적으로 존재하는 특성을 지니기에 서로를 범하지는 못한다. 반면에 무작의 루트는 등산가의 찰나찰나의 인연조건을 따라 머물지 않고 스스로 선택하며 루트를 만들어 나간다. 무작의 루트는 미리 정해져 있지 않고, 루트가 없는 것도 아니며, 아무리 많은 길이 가능하다고 해도 그 길과는 다른 나만의 차별적 길이 있다고 그 길을 개척하지도 않

## 2) 『무문관』의 제1칙 조주구자(趙州狗子) 공안

『무문관』 제1칙인 조주구자[101]의 '본칙·평창·송'에 대한 필자의 해석과 함께 이에 함의된 불교 프로토콜의 사유체계를 드러내 이를 통해 선종의 공안과 베이즈 이론의 작동기제가 상호 연결되어 있음을 제시한다.

조주구자 공안의 본칙은 유무의 분별과 무자성·공의 무의 원리를 확연히 드러낸다. "개에게도 불성이 있습니까?"라는 학승의 질문에 조주화상은 '무'라고 답변한다. 학승의 질문에는 학승이 현재 유무의 분별이라는 늪에 빠져 있음을 암시한다. 조주화상의 '무'라는 답변을 유무의 '없다'라는 뜻으로 이해하고 있기 때문이다.

---

는 방식이라 할 수가 있다. 바로 인연조건하에서 스스로의 선택으로 기존의 다미차별의 무량한 루트마저도 넘나들며 새로운 루트를 개척하고 동시에 이미 개척된 루트에도 전혀 매이지 않고 늘 새롭게 대하는 대자유의 루트선택 능력을 지닌다. 이를 무작의 루트개척이라 할 수 있다.

101) 『無門關』(T48, 292c23-293a14), "趙州和尙因僧問。狗子還有佛性。也無。州云 無。無門曰。參禪須透祖師關... 似法燭一點便著. 頌曰 狗子佛性 全提正令 纔涉有無 喪身失命."; 장휘옥·김사업(2012), .29-41. ; 안재철·수암(2014), 32-48.

102) 김호귀(2005), 98. ; 『宏智禪師廣錄』(T48, 20a21-20a24), "擧僧問趙州。狗子還有佛性也無。州云 有。僧云。既有。爲什麼却撞入這箇皮袋。州云。爲他知而故犯。又有僧問。狗子還有佛性 也無。州 云無。僧云。一切衆生皆有佛性。狗子爲什麼却無。州云。爲伊有業識在。"
　;『萬松老人評唱天童覺和尙頌古從容錄』(T48, 238b21-238c06), "第十八則趙州狗子

조주가 말하고자 하는 바는 '그렇다.' 개에게도 불성이 있는데 그것이 무라는 답변이다. (개의 불성은 공이기에) 조주는 무라고 제대로 가르침을 주었다. 이는 잘 알려진 대로 『굉지선사광록宏智禪師廣錄』 및 『종용록』등에서의 공안에서 그 근거를 찾을 수 있다.

> "어떤 수행승이 조주에게 질문했다. '개도 불성이 있습니까?' 조주가 '개도 불성이 있다[有].'고 대답했다. 수행승이 다시 질문했다. '개도 불성이 있다면 어찌하여 저 불성이 개의 털가죽을 뒤집어쓰고 축생으로 살고 있습니까?' 조주가 말했다. '그대는 알면서 고의로 죄를 범하고 있다.' 또 어떤 승이 질문했다. '개도 불성이 있습니까?' 조주가 '불성이 없다[無].'라고 대답했다. 그 승이 다시 물었다. '모든 중생에게 불성이 있다는데 어째서 개한테는 없는 겁니까?' 조주가 말했다. 그 놈의 업식 때문이니라." [102]

---

示衆云。水上葫蘆。按著便轉。日中寶石。色無定形。不可以無心得。不可以有心知。沒量大人。語脈裏轉却。還有免得底麼。舉。僧問趙州。狗子還有佛性也無攔街垃塊 州云。有也不曾添 僧云。既有。爲甚麼却撞入這箇皮袋一款便招自領出頭 州云。爲他知而故犯且莫招承不是道爾。又有僧問。狗子還有佛性也無一母所生 州曰。無也不曾減 僧云。一切衆生皆有佛性。狗子爲什麼却無憨狗趁鶻子 州云。爲伊有業識在右具如前據款結案 画像。師云。若道狗子佛性端的是有。後來却道無。端的是無。前來却道有。若道道有道無且 一期應機。拶著説出。各有道理。所以道。明眼漢沒窠臼。這僧問處要廣見聞。不依本分。趙州道有。以毒去毒。以病醫病。" ; 정성본역주・강설(2021), 217-242. ; 만송행수편저・혜원 역해(2020), 85-89. 『종용록』에 기록된 조주구자의 공안에 관한 추가적 설명이 제시되고 있어 이를 참고한다. ; 동아시아선학연구소 편저(2003), 『조주선사와 끽다거』, 30-31: 『조주어록』에 있는 문답에서는 개의 불성이 있느냐 없느냐의 질문에 조주는 "없다[無]."라고 답한 후에 그 이유를 "그에게 업식의 성품이 있기 때문

위의 『굉지선사광록』 및 『종용록』의 공안에서는 처음에는 유라는 답변을 하고 추가 질문에는 무라는 답변을 한다. 개에게도 불성은 존재한다 그러므로 유라는 답변이고, 그 불성이 무라는 답변으로서 무문관의 공안과 동일한 논리가 적용된다. 그런 이유로 조주화상은 유라는 답변 후에 재차 무라는 불성이 있음을 강조하여 말한 것뿐이며, 개의 불성이 무라는 것임을 다시 한번 강조하고 있는 셈이다. 그러나 『무문관』 공안의 수행승은 열반경에서 가르치고 있는 '일체중생, 실유불성'의 내용을 분명하게 알고 있다. 수행승은 **조주의 무자를 불성이 없다는 의미의 무로 이해**하고 있음을 알 수 있다. 수행승의 선기禪機의 수준은 아직 분별에서 벗어나지 못한 상태에 머물고 있음이다. 안타깝게도 청원선사가 말한 "산은 산이요, 물은 물이요"라는 단계에서 한 발짝도 앞으로 걸음을 떼지 못하고 제자리걸음 중임을 알 수 있음이다.

---

이다."라고 답하는데 이는 일체는 업이 있기 때문에 윤회하고 변화한다. 업식은 역설적이게도 '응무소주(應無所住)' 하게끔 하는 변화의 주체이기 때문에 업식이 변화의 주체이고 이것이 無를 가리키기기 때문에 논리적으로 그렇게 답한 것으로 설명할 수 있다.

103) 김대식(2019), 81-90. : 인식의 한계를 뇌과학의 관점에서 설명할 수 있는데, "뇌가 머리 안에 있다는 것은 상당히 큰 철학적 의미를 담고 있다. 뇌가 현실을 알 수 없다는 것을 뜻한다. 뇌는 세상을 직접 경험하는 것이 아니라 눈 · 코 · 입 · 귀 · 몸을 통해 세상을 받아들인다. 예를 들어, 망막에서 들어온 정보(빛 에너지)가 전기 에너지로 바뀌어 스파이크가 일어나면 뇌는 스파이크만 보는 것이다. 스파이크만 보고 구별할 뿐이다. 결국 뇌가 하는 일은 대기업의 회장처럼 부하직원들이 올리는 보고서 격인 스파이크를 보고 세상을 판단한다. 그러나 눈 ·

실유불성이란 어구가 말하고자 하는 불성의 의미는 누구나 무엇이든 관계로 작동하여 존재한다는 가르침이지 자성이 있고 없고의 문제가 아니다. 학승이 『열반경』의 게송을 여전히 이해하지 못하고 있는 상태임을 암시한다. 부처의 자성이란 우리가 흔히 말하는 영원불멸의 실체가 있다는 것이 아니고 관계가 불성인 것이다. 따라서 "개에게도 불성이 있느냐 없느냐?"는 학승의 질문은 질문자체가 잘못된 것이기에 이를 **제대로 질문하려면 개의 실체도 관계입니까? 라고 물어봤어야 옳은 질문이라는** 것이 본 필자의 생각이다.

이제 다음으로 조주의 무자 화두의 분석을 시도한다. 불교에서는 인간을 육근과 육경으로 구성된 12처로 규정한다. 물론 오온으로도 규정하고, 십팔계로도 규정할 수 있는데 편의상 본서에서는 십이처의 메카니즘을 활용하겠다. 인간은 안眼으로는 색, 이耳로는 소리, 비鼻로는 냄새, 설舌로는 맛, 신身으로는 촉감, 그리고 의意로는 법을 탐지하여 자신을 둘러싼 제반 정보를 종합하여 판단한다.

인간은 십이처의 범위를 넘어설 수 없다. 넘어선다면 인간이 아니다. 자신이 볼 수 없는 것은 볼 수 없고, 들을 수 없는 것은 듣지 못하는 숙명적인 한계적 존재이다. 이렇게 불교에서 말하는 인간의 존재론인 십이처는 인간이 한계적 존재임을 말하고자 함이다.[103] 인간 자체가 한계적이며, 또한 그 한계는 자신이 처한 직간접의 환경과 맞물

려있다. 이는 인간의 삶이 온전한 정보를 확보할 수 없기에 숙명적으로 불확실성의 지배를 받을 수밖에 없는 지극히 미약한 존재에 지나지 않음을 알려준다. 절대로 전지전능하지 않음을 알 수 있다.

스스로가 한계적 태생을 벗어날 수 없으며, 동시에 맥락에 의해 좌우되는 존재임을 깨닫는 것이 정각에 이르는 징검다리의 하나라는 것을 불교는 가르치고 있다. 그리고 불확실성이 지배하는 삶의 세계에서 찰나적으로 보이는 자신의 한계 너머의 사건들을 포착하고 해결해 나가라는 가르침이다.

조주구자의 공안에서 조주가 강력히 주창한 무無자의 의미를 본서의 관점에서 하나씩 풀어나가겠다. 첫째로, 무자는 유무의 무자가 아니다. '얽매이지 말라' 그것이 무자의 첫 번째 의미이다. 자신의 현재를 규정짓고 있는 차원과 프레임을 넘어 '한계돌파' 하라는 가르침이다. 왜냐하면 삼라만상은 연기법으로 연결되어 한시도 멈추지

---

코 · 입 · 귀 · 몸이 작성한 보고서조차도 완벽한 보고서가 아니다. 진짜 세상이 아니다. 왜냐하면 눈이 보는 거리에 한계가 있고, 냄새도 정확하게 판명하기 어렵고, 나머지도 마찬가지이다. 그러므로 이들이 전달하는 정보는 왜곡이 개입될 수밖에 없다. 게다가 뇌가 정보를 파악하는 방식은 정보 자체보다 정보의 차이에 반응하게 되어 있기에 차이가 발생하지 않으면 정보는 없는 것으로 간주한다. 차이의 변화가 없으면 정보를 알아차리지 못한다. 또한 뇌는 눈 · 코 · 입 · 귀 · 몸을 완전히 믿지 않으므로 늘 스파이크를 가지고 해석을 한다." 눈이 무언가를 보았을 때, 본다는 것은 뇌가 눈이 본 것을 그대로 전달받아 본다는 것이 아니라 눈이 본 것을 해석해서 본다는 의미인 것이다. 인간이 지닌 내재적 한계인 것이다.

않고 관계적으로 움직이고 변화하고 있음을 직시하라는 가르침이다. 조주는 무자를 통해 가르치고 있다. '스스로를 넘어서라, 스스로를 한계 짓는 일체의 것에서 벗어나라.'

　무자 화두의 두 번째 의미는 무자성·공에 의거한 해체이다. 앞에서 설명한 내용과 본질적으로 다를 바 없는 내용이지만, 인간은 십이처의 한계와 맥락을 벗어나지 못하기에 그대로 안주하면 늘 거기에 머물게 된다. 자신을 규정짓고 있는 한계를 뚫고 깨달음의 새로운 세계에 다다르기 위해서는 현재의 자신, 즉 현재의 나[자아]를 무자성화시키는 해체의 과정이 없이는 불가능하다. 자아를 버리고, 자성을 해체하고, 나를 내려놓고, 무자성·공의 세계로 들어가야 한다.

　청원선사의 '산은 산이 아니요, 물은 물이 아니다.'와 일치한다. 현재에 머물지 말되 찰나찰나의 순간 어디서든 최선을 다하라는 『금강경』의 "응무소주 이생기심"과 다를 바 없는 가르침이다. 그런 연후에 이제는 너 자신을 구성하는 일체의 인식패턴을 재구성[Restructuring]하여 너만의 새로운 시각, 너만의 새로운 관점을 지니라는 지상명령이기도 하다.

　무자 화두의 세 번째 의미는 개는 무자성·공임에도 불구하고, 삼라만상이 찰나의 순간에 현상적 존재인 '가유의 개'로 여실히 드러나고 있음을 알아차리라는 가르침이다. 삼라만상은 인연화합에 의해 맥락에 따라 우리 눈앞에 관계적 모습으로 나타나고 있을 뿐이다. 일종의 가설적 현상이다.

청원선사의 '단지 산은 산이고 단지 물은 물일 뿐이다.'는 주장과 일치한다. 그저 맥락에 따라 역유역무亦有亦無할 뿐이다. 이제 끝으로 무자 화두의 해석은 이제까지의 해석을 기초로 판단하는 것인 바, 비유비무非有非無[104]의 중도적 사고를 가지라는 가르침과 일치한다.

이는 앞에서 언급한 자성해체와 역유역무의 가르침을 하나로 묶은 가르침이다. 자성해체를 통해 걸림이 없는 대자유에 놓인 학승은 현상에 한시도 머물지 않고 스스로를 변화에 맡긴다. 가설된 존재로 드러나지만 늘 무자성·공의 해체이기도 한 존재, 이를 가리켜 비유

---

104) 역유역무와 비유비무의 차이점을 '유무의 플랫폼'이라는 관점에서 설명을 하는 것이 필자의 취지에 부합한다고 생각한다. 역유역무의 사고방식은 유무가 만들어내는 플랫폼을 벗어나지 못하고 그 내에서만 작동하기에 계내적(界內的)이다. 유와 무가 서로 차지하는 비율이 5:5 혹은 6:4 등등의 무량한 상대적 비율들을 근거로 상호의존성을 유지하며 존재하는 특성을 지닌다. 반면에 비유비무는 유무가 만들어 내는 플랫폼 자체를 벗어나기에 유와 무라는 양변적 사고를 철저하게 여의는 특성을 지닌다. 그러므로 비유비무는 유무의 차별이 티끌만큼도 존재하지 않는 유무불이(有無不二)의 무작으로 존재하게 된다는 점에서 유무가 따로 없이 원융적으로 존재하는 특성을 지닌다. 즉, 역유역무는 상호의존성을 유지하지만 유무의 격벽·격력을 완전히 벗어나지는 못한 상태를 뜻한다면, 비유비무는 유무의 격력을 철저하게 뛰어넘어 유무가 따로 없는 유무가 Random Walk, 즉 원융의 상태로 작동되고 있는 것으로 설명할 수 있으며 이는 불규칙함 속에서 규칙적인 현상을 펼쳐내는 자연의 원리로 비견할 수 있다. 주사위로 비유하는 경우, 역유역무는 1부터 6가지의 숫자가 새겨져 있는 주사위를 던지는 것이라면, 비유비무는 숫자가 새겨져 있지 않은 주사위를 던지고 지면에 떨어질 때마다 숫자가 확정되는 주사위라 할 수 있다. 나아가 주사위가 아닌 비주사위의 경지로 진

비무의 중도적 존재라 할 수 있겠다.

조주구자의 공안이 보여주는 '불성유무의 분별 - 무[초] - 가유의 가[假] - 중도[中]' 으로 이어지는 구조와 베이즈 이론의 3가지 구성요소인 '사전확률분포-케인즈적 사건 및 추가적 정보-사후확률분포' 의 순환구조가 즉통即通함을 정리한 것이 아래의 〈표 13〉이다. 베이즈 이론의 1차 사전확률분포는 '불성유무의 분별' 로 배대할 수 있으며, 1차 사후확률분포는 무로 비견되고, 케인즈적 사건 및 추가적 정보는 '가유의 개' 로 비견할 수 있고, 무한순환의 갱신 사후확률분포는 **'가유의 개' 조차도 해체되는 '일체즉일, 일즉일체' 의 세계인 원융중도로 비유**할 수 있다. 이로써 불교의 프로토콜과 조주구자의 공안이 인공지능의 주요 작동기제인 베이즈 이론을 섭수하고 있음을 확인할 수 있다. 아래는 이를 비교 정리한 〈표 13〉이다.

---

입한다는 의미이기도 하다.
;https://post.naver.com/viewer/postView.naver?volumeNo=26591274&memberNo=556515.[2022.04.21.], "랜덤워크가 만들어낸 형상은 바로 자연의 모습인 나뭇잎이었다. 인간은 자연을 규칙과 불규칙을 분리해서 생각하고 하지만 자연은 경계가 없어 보인다. 불규칙함 속에서 규칙적인 현상을 만들어낸다."

〈표 13〉 불교 프로토콜과 조주구자 · 베이즈 이론 비교

| 중론의 삼제게(三諦偈) · 조주구자 · 베이즈 이론의 비교 | | | |
|---|---|---|---|
| 불교 프로토콜 | | 베이즈 이론 | 선(禪):조주구자 |
| 유루법<br>(有漏法) | 중생[자성] | 사전확률분포 | · 불성은 본래면목이 무자성인데 개의 자성에 고착되어 '있다 · 없다'의 유무의 경계를 드러내는 학승의 하근기 수준으로 유무로 판단한다. |
| 인연소생법<br>(因緣所生法) | 아설즉시공<br>(我說卽是空) | 1차 사후확률분포 | · 조주의 무(無)자 화두는 '없다' 의미가 아니라 자성 해체의 무자성 · 공의 할(喝)을 의미하며, 개는 개가 아니다. 하찮은 개의 불성 역시 무자성 · 공임을 깨우친다. 무생으로 관한다. |
| | 역명위가명<br>(亦名爲假名) | 케인즈적 사건 및 추가적 정보 | · 무자성 · 공의 개임에도 불구하고, 무량한 가립의 개는 존재한다. 연기법 · 무자성 · 공이기에 가설된다. 예를 들면, 수렵 · 목양 · 경주 · 수색 · 애완 · 식용 등으로 무량하게 존재할 수 있다. 무량한 가유의 존재는 일종의 정보이자 신호이며 케인즈적 사건이다. 무량으로 관한다. |

| 인연소생법<br>(因緣所生法) | 역시중도의<br>(亦是中道義) | 2차 · 3차 · 4차...<br>N차의 갱신<br>사후확률분포 | · 가유의 개와 개 아닌 공이 상즉되는 공즉가의 경계로서 앞의 산수론에서 규정한 바 있는 가분절 · 무분절의 경계를 말한다.<br>· 개는 무량의 가유의 존재에서 군이 개일 필요가 없는 무작의 존재로 드러난다. 예를 들면, 지수화풍의 가결합에 의해 무엇으로든 태어날 수 있다. 그러므로 산이 물이고 물이 산이다. 산과 물의 경계가 사라진다. 가유의 개조차 개가 아닌 경계이다. 개를 넘어선다. 가분절 · 무분절의 원융중도의 경계이다. 무작으로 관한다. |

## 3)『경덕전등록』의 비풍비번(非風非幡) 공안

『경덕전등록』의 비풍비번의 공안에 대한 필자의 해석과 함께 이에 함의된 불교 프로토콜의 사유체계를 정관正觀하고, 이를 통해 선종의 공안과 베이즈 이론의 작동기제가 상통되어 연결되어 있음을 밝힌다.

당나라 시절 중국 남쪽의 법성사라는 절에서 일어난 사건인데, 강의 도중 찰간에 걸린 펄럭이는 깃발을 보며 두 스님이 논쟁을 시작하고 갑론을박하자. 몰래 참여하고 있던 육조 혜능이 한마디로 논쟁을 끝냈다는 이야기이다. 비풍비번의 공안에서 무문혜개가 육조혜능을 평가절하하면서까지 던져주는 메시지를 베이즈 이론으로 배대하겠다.

아래의 〈표 14〉는 비풍비번의 공안을 베이즈 이론과『중론』의 삼제게에 의거 재구성한 것이다. 비풍비번非風非幡[105]의 공안을 통해서

---

105)『景德傳燈錄』(T76, 235c01-235c12), "至儀鳳元年丙 子正月八日。屆南海遇印宗法師於法性寺講涅槃經。師寓止廊廡間。暮夜風颺刹幡。聞二僧對論。一云幡動。一云風動。往復酬答未曾契理。師曰。可容俗輒預高論否。直以風幡非動動自心耳。印宗竊聆此語竦然異之。翌日邀師入室。徵風幡之義。師具以理告。印宗不覺起立云。行者定非常人師爲是誰。師更無所隱直叙得法因由。於是印宗執弟子之禮請受禪要。乃告四衆曰。印宗具足凡夫。今遇肉身菩薩即指坐下盧居士

는 공관空觀에 의한 자성해체까지만 제시하고, 연기=무자성=공이라는 공空·가假·중中의 중도실상은 언급하지 않고 있지만 필자는 이를 확대시켜 동 공안에 함의된 원융중도의 경계를 추가하는 해석을 시도하겠다.

공·가·중의 '공=가'가 됨으로써 무자성·공조차 사라지고, '깃발·바람·마음'의 상호의존과 상호관계가 빚어내는 변화의 모습은 깃발·바람·마음이 결합되어 하나의 모습을 이루어 내고, 하나가 다시 세 가지의 모습으로 분해되는 '일체즉일, 일즉일체'의 사사무애법계가 작동하는 모습을 보여주고 있다. 이로써 불교의 프로토콜과 비풍비번의 공안이 인공지능의 주요 작동기제인 베이즈 이론과 연결되고 있음을 다시 한번 확인할 수 있다.


추가로 타이거 우즈의 메이저 골프 경기 장면에서 생각난다. 깃발이 흔들리고 있다. 바람의 방향을 잡아내려는 타이거는 깃발의 움직임을 유심히 바라본다. 그런데 깃발이 이리 펄럭이다가 저리로 펄럭

---

云。即此是也。因請出所傳信衣悉令瞻禮。"；또한『無門關』(T48, 296c17-296c26)에서도 확인할 수 있다. "六祖因風颺刹幡。有二僧對論。一云幡動。一云風動。往復曾未契理。祖云。不是風動不是幡動。仁者心動。二僧悚然. 無門曰。不是風動。不是幡動。不是心動。甚處見祖師。若向者裏見得親切。方知二僧買鐵得金。祖師忍俊不禁一場漏逗. 頌曰 風幡心動 一狀領過 只知開口 不覺話墮。"；장휘옥·김사업(2012), 249-254. ; 안재철·수암 공저(2014), 284-290.

인다. 공중에서는 동쪽인 듯하고, 지면에서는 서쪽인 듯하고 갈피를 잡을 수 없다. 바람의 방향을 알기 어렵다. 그러나 타이거는 결정한다. 보이지 않는 바람을 눈앞에 보이는 경境에 의존해서 잡아내고 마음으로 판단하는 사고과정이 개입된다. 그러므로 마음이다. 최종 결정은 마음이기에 유식무경唯識無境이라 할 수 있다. 그러나 깃발을 보고 판단하였기에 유식유경唯識有境이라 할 수도 있다. 그러나 다시 한번 곰곰이 생각해 보면 타이거 우즈는 식으로서의 마음조차 버린다. 왜냐하면 깃발도 연기법으로 계속 움직이고, 바람도 시시각각 변한다. 그러니 마음도 변한다. 마음도 아니다. 뭐냐, 그러면? 그렇다 일체가 변화하는 동적인 관계이다. 치는 순간의 **깃발 · 바람 · 마음의 동적변화가 빚어내는 관계의 모습**이다. 찰나의 순간 선택을 만들어내는 그 관계가 중도이다. 그러므로 중도는 선택이고 예측이며 확률적 추정이라는 점에서 타이거 우즈에게 있어 중도는 확률적 선택 게임이 된다.

<표 14> 불교 프로토콜과 비풍비번 · 베이즈 이론 비교

| 중론의 삼제게(三諦偈) · 비풍비번 · 베이즈 이론의 비교 ||||
|---|---|---|---|
| 불교 프로토콜 || 베이즈 이론 | 선(禪):비풍비번 |
| 유루법<br>(有漏法) | 중생[자성] | 사전확률분포 | 깃발과 바람이라는 자성에의 집착으로 세계를 판단. 깃발과 바람이라는 육경에 집착, 유무의 논쟁, 유는 깃발, 무는 바람을 상징. 유무로 판단한다. |
| 인연소생법<br>(因緣所生法) | 아설즉시공<br>(我說卽是空) | 1차 사후확률분포 | 자성을 버리고 마음으로 세계를 관하는 경계. 마음먹기에 따라 사물이 달라 보이는 일체유심조의 관점이다. 비록 깃발과 바람의 공됨을 깨우쳤지만 마음에 집착하고 있기에 이 역시 제대로 된 깨우침이 아니다. 혜능은 유식무경(唯識無境)의 마음으로 관하는 경계이다. |
| | | 2차 사후확률분포 | 무문혜개는 혜능의 사유체계인 일체유심조를 공됨으로 재해체시킨다. 공안의 평창에서 "바람이 움직이는 것도 아니고, 깃발이 움직이는 것도 아니고, 마음이 움직이는 것도 아니다."라는 무문혜개의 주장에서 드러난다. '일체즉공'이라는 무생의 사유체계에 의해 관한다. |

| | | |
|---|---|---|
| | 역명위가명<br>(亦名爲假名) | 케인즈적 사건 및<br>추가적 정보 | '일체즉공'으로 자성해체<br>했음에도 불구하고, 깃발과<br>바람과 마음이 찰나찰나 현<br>현하면서 여전히 중생을 현<br>혹시키듯 진사혹의 '가의<br>세계'가 펼쳐진다. 깃발, 바<br>람, 마음이 빚어내는 무량한<br>가립의 세계는 각자의 근기<br>에 따라 달리 펼쳐지는 케인<br>즈적 사건이자 새로운 변화<br>를 모색하라는 신호이다.<br>무량으로 관한다. |
| 인연소생법<br>(因緣所生法) | 역시중도의<br>(亦是中道義) | 2차·3차·4차...<br>N차의 갱신<br>사후확률분포 | 중생의 자성집착과 혜능의<br>일체유심조의 유식무경, 그<br>리고 무문혜개의 '일체즉<br>공'의 수준에서 가유의 무<br>량을 거치면서 쏘의 원리가<br>假[깃발·바람·마음]로 전<br>이되는 공즉가의 원리가 작<br>동하면서 '깃발이 바람이<br>고, 바람이 마음이고, 마음<br>이 깃발이다.'는 무작의 경<br>계에 돌입한다. 가유와 가<br>유들이 서로 상호작용하는<br>가분절·무분절의 원융중<br>도의 사유체계로 세계를 지<br>관(止觀)한다. 본 공안에서<br>육조혜능은 마음이라는 관<br>점에서 깨우침을 제시했던<br>것이고, 무문혜개는 단지 공<br>의 수준에서만 깨우침을 제<br>시을 뿐이며, 그 이상의 |

수준은 다루지 않았음을 알
수 있다 하겠다. 무작으로
세계를 관한다.

## 4) 『종용록』의 제47칙 정전백수(庭前柏樹) 공안

『종용록』 제47칙에 대한 필자의 해석과정을 통해, 동 공안이 함의
한 불교 프로토콜의 사유체계를 정관正觀하고, 이를 통해 선종의 공
안과 베이즈 이론의 작동기제가 상통되어 있음을 설명하겠다.

"조주는 한 승려가 '조사가 고된 수행을 거쳐 깨우침을 이미 얻었
는데 도대체 서쪽으로부터 온 의도가 무엇입니까?' 하고 묻자, '(깊은
산속을 버리고) 뜰 앞으로 내려온 잣나무이기 때문이다.' 하고 대답했
다.

만약 목초지를 찾아가듯 제대로 방향을 잡아서 꿀벌이 꿀을 발견하
듯 조주가 답한 핵심을 정확히 잡아낸다면, 바로 자신이 무상정등각의
부처이다.

으르렁거린다고 사실[사건]을 제대로 파악하는 것이 아니며, 떠들

어봐도 미묘한 불법의 실마리를 제대로 잡아내지 못하는구나. 헛된 소리나 좇는 자는 증득하지 못하고, 삿된 어구에 얽매이는 자는 깨달음에 이르지 못할지니"[106]

필자의 생각을 바탕으로 정전백수의 공안을 정리하면, 조사는 자신의 본거지 천축을 버리고 낯선 동쪽으로 날아왔다. 도그마를 여의고자 하는 살불살조의 정신이다. 서쪽의 천축에서 상구보리를 이루고, 동쪽으로 하화중생을 실천하는 의미로 해석할 수도 있다. 지금까지의 달마 자신을 규정해온 일체의 고정관념을 끊어버리는 구도행의 극치를 비유하고 있다.

마찬가지로 잣나무의 근거지는 해발고도 1,000m 이상의 고지대

---

106) 정전백수의 공안 원문을 필자의 해석 방향에 맞추어서 재요약한 것이다. 원전은 『萬松老人評唱天童覺和尚頌古從容庵録』(T48, 256c13-256c18), "第四十七則趙州柏樹 示衆云。庭前柏樹。竿上風幡。如一華說無邊春。如一滴說大海水。間生古佛。迥出常流。不落思思。若爲話會 擧。僧問趙州。如何是祖師西來意(多羅閑管) 州云。庭前柏樹子(焦塼打著連底凍)"; 또한 『無門關』(T48, 297c04-297c11)에서도 확인할 수 있다. "趙州因僧問。如何是祖師西來意。州云。庭前柏樹子. 無門日。若向趙州答處。見得親切. 前無釋迦。後無彌勒。頌日. 言無展事 語不投機 承言者喪 滯句者迷."; 장휘옥・김사업(2012), 298-302. ; 안재철・수암(2014), 343-348. ; 필자와는 다른 해석을 제시하는 경우는 예를 들면, 달마가 동쪽으로 온 것은 과거지사이기에 알라야식에 저장된 기억에 집착하지 말라는 뜻에서. 알라야식을 끊고 현재를 지각하라는 가르침으로 설명한다. 과거의 기억이나 미래의 기대에 머물지 말고, 지금 여기의 현재를 뜰앞의 잣나무로 비유하여 이에 충실하라는 뜻으로 설명하는 것으로 과거의 인연조건은 사라졌고, 미래는 아직 오지 않았으므로 지금 여기에서 진행 중인 인연조건에 집중하라는 것인데, 다음에서 확인할 수 있다. 강신주 지음(2014), 84-94.

숲으로 잣나무는 고산지대 및 한랭한 기후를 좋아하는 수종임에도 불구하고, 수천 년을 살아온 터전이라 할 수 있는 깊은 산을 주저없이 버리고는 산을 극복하고 뜰 앞으로 내려왔다. 또한 앞으로 뜰마저도 버릴 것이다. 잣나무는 잣나무가 아니기에 진정으로 잣나무인 것이다라는 즉비논리와도 통한다. 정전백수의 공안이 제시하는 메시지는 기존의 고정관념을 버리고 새로운 사유를 찾아 나서는 것으로 'closed'에서 'open'으로의 변화를 상징한다. 아래는 이를 비교 정리한 〈표 15〉이다.

〈표 15〉 불교 프로토콜과 정전백수 · 베이즈 이론 비교

| 중론의 삼제게(三諦偈) · 정전백수 · 베이즈 이론의 비교 | | |
|---|---|---|
| 불교 프로토콜 | 베이즈 이론 | 선(禪):정전백수 |
| 유루법<br>(有漏法) | 중생[자성] | 사전확률분포 | 조사는 身毒[천축이라는 자성]에 머물려야만 한다는 고정관념에 의거하여 세계를 판단한다. 깨달음은 천축에만 있다는 고정관념.<br>잣나무는 깊은 산 고지대라는 자성에서만 뿌리를 내려야 한다는 집착에 의거해 세계를 판단. 나무는 산에만 있어야 한다는 고정관념 |
| 인연소생법<br>(因緣所生法) | 아설즉시공<br>(我說卽是空) | 1차 사후확률분포 | 깨달음의 성지인 천축을 과감히 버리고 동쪽으로 왔다는 것은 '응무소주 이생기심'의 공[버림의 미학]으로 세계를 관한다. 천축은 없다라는 무분별의 선언이다. 잣나무는 깊이 뿌리 내렸던 산을 철저히 버린다. '응무소주 이생기심'의 공[버림의 미학]으로 세계를 관한다. 산은 없다는 무소유의 선언이다. |
| | 역명위가명<br>(亦名爲假名) | 케인즈적 사건 및 추가적 정보 | '일체즉공'으로 자성해체했음에도 불구하고, 천축과 깊은 산은 인연조건에 따라 무량한 모습으로 찰나찰나 펼쳐진다. 천축[깊은 산]은 |

| | | |
|---|---|---|
| | | 천축[깊은 산]이 아니기에 진정으로 천축[깊은 산이다는 즉비논리처럼, 동쪽은 가립의 천축이고, 뜰은 가립의 산이 된다. 가는 곳마다 동쪽이고, 내려앉는 곳마다 뜰이다. 다미차별의 동쪽과 뜰이 만들어 내는 무량한 가립의 세계는 케인즈적 사건이자 새로운 변화를 모색하라는 신호이다. 무량으로 세계를 관한다. |
| 역시중도의 (亦是中道義) | 2차・3차・4차... N차의 갱신 사후확률분포 | 무생의 원리에 근거하여 '천축이 동쪽이고, 깊은 산이 뜰이다.' 무량의 원리에 의해 '가는 곳마다 동쪽이고, 내려앉는 곳마다 뜰이다.' 정해진 동쪽이 따로 없고, 정해진 뜰이 따로 없는 경계이다. 무작의 원리에 의해 '동쪽이 뜰이 되고, 뜰이 동쪽이 된다.'라는 일즉일체, 일체즉일의 경계로 세계를 관한다. 가유와 가유가 상호작용하는 가분절・무분절의 원융중도의 사유체계로 세계를 지관(止觀)하는 틀을 지닌다. |

# 여섯 번째 강의

불교 프로토콜의 경영철학적 의미

필자는 인공지능 베이즈 이론의 작동원리인 '사전확률분포-케인즈적 사건 및 추가적 정보-사후확률분포'의 순환구조가 불교 프로토콜, 즉 12연기 · 삼법인 · 사성제 · 팔정도, 무자성 · 공 및 즉비논리, 그리고『중론』의 삼제게와 원융중도의 사유체계로 섭수됨을 밝히고, 동시에 선종의 공안 역시 동일한 이치로 정리할 수 있음을 제시하였다. 인공지능의 베이즈 이론과 연결되는 불교 프로토콜이 원융중도의 사유체계에 기반하고 있음을 인문과학적 관점에서 제시한 것이다.

이제 이 같은 불교의 사유체계에 담긴 반야의 지혜가 지금 여기 21세기 현대에 던지는 실사구시의 교훈은 무엇인지, 하나의 실마리를 궁구해보고자 한다. 이는 동아시아 불교에 깊숙이 내장된 철학적 체계가 현대를 선두에서 이끌고 만들어 나가는 글로컬 기업들에게 던지는 의미심장한 담론이라 하겠다. 선종의 조사들이 사자상승師資相承을 위해 공안 문답의 수수께끼을 고민하면서 그 뜻을 관통하기 위해 서로에게 던지는 호기심과 의문덩어리의 '이 뭐꼬?[是甚麼]'와 다름 아니다.

불교 프로토콜로서의 원융중도와 현대 글로컬 기업의 경영철학 및 경영전략의 관점이 서로 상즉하고 있음을 확인하고자 한다. 이러한 시각에서 우선 '정주영공법'이라 알려진 아산만 방조제 공사의 사례를 들어 필자의 생각을 드러내고, 이후에 경영철학과의 상즉성에 초점을 맞추어 설명하고자 한다.

# 15

# Case Study 정주영 공법의 창발성에 함의된 불교 프로토콜

베이즈 이론과 원융중도 사유의 틀로 아산만 방조제 공사에서 벌어진 '정주영 공법[107]'의 내용을 재구성한다. 이를 위해 고철 유조선 배인 천수만호를 가지고 일어난 사건의 주요 내용을 먼저 정리하고, 동 내용을 근거로 선종의 화두방식의 틀에 입각하여 불교식 '정주영 공안'을 작성한 후, 동일한 방식으로 정주영 공안을 해석함으로써 수승한 글로컬 기업의 정신과 원융중도의 프로토콜이 상즉함을 보이겠다.

아래의 사진〈그림 6〉에서 보듯 서산 간척지의 최종 물막이 공사는 가장 어려운 공사로 방조제의 길이는 6,400여 미터, 그중 마지막 남은 270미터를 쌓을 수가 없었다.

---

107) 윤석철 지음(2011), 215-217.

왜냐하면 초속 8미터의 무서운 급류 때문에 자동차만 한 바위를 넣어도, 30톤 덤프트럭들이 끊임없이 돌을 날라도, 거센 물살은 이 모든 걸 한 번에 휩쓸어가 버렸다. 이러한 상황을 타개하는 사고의 틀에 원융중도의 불교 프로토콜이 있었음을 적시하겠다. 〈표 16〉는 정주영 공법의 주요 내용을 정리한 것이다.

〈그림 6〉 정주영 공법

정주영 공법에 관한 이야기를 선종의 공안, 즉 '정중영 공안'으로 아래와 같이 현대적 의미로 재구성할 수 있다.

"최종 물막이는 현재의 공법으로는 불가능합니다. 속수무책입니다. 천수만호라는 배는 원래 유조선이다. 유조선은 배라는 자성으로 고정

〈표 16〉 정주영 공법의 주요 내용[108]

| 구분 | 주요 내용 |
| --- | --- |
| 상황 | 서산 간척지의 최종 물막이 공사는 가장 어려운 공사. 방조제의 길이는 6400여 미터, 그중 마지막 남은 270미터를 쌓을 수가 없었다. 초속 8미터의 무서운 급류 때문. 한강이 여름 홍수 때 초속 6미터로 흐르니 그 세기가 얼마나 빠른지를 비교해볼 수 있을 것이다. 자동차만한 바위를 넣어도, 30톤 덤프트럭들이 끊임없이 돌을 날라도, 거센 물살은 이 모든 걸 한 번에 휩쓸어가 버렸다. "최신 장비들을 다 써도 소용이 없습니다." "학계에도 문의해보고 해외 건설사에 컨설팅 의뢰도 해봤는데 모두 속수무책입니다." |
| 공(空)에 입각한 용도 재지정 | "그럼, 이건 어떨까?" 정주영의 머릿속에 번쩍하고 떠오른 아이디어는 '천수만호'였다. 천수만호는 원래 유조선으로 사용하던 23만 톤급 스웨덴 배. 현대가 해체해서 고철로 팔기 위해 30억 원을 주고 사들여 울산에 정박시켜두고 있었다. "폭 45미터, 높이 27미터, 길이는 322미터. 충분해. 천수만호를 가라앉혀 막아두고 메우면 어떨까?" "회장님, 그게 가능한지는 아직 검증된 바가 없습니다." |
| 결과 | 건축학 어디에도 없는 '유조선 공법'이 성공, 공사비를 290억원 절감. "책 속에서만 답을 찾고 권위에만 의존한다면 창의력은 죽고 만다. 창의력이 없으면 획기적인 변화도 없어." |

된다. '그럼, 이건 어떨까?' 천수만호는 배가 아니다. 배라는 자성을 해체시켜라. 무생의 원리, 무자성·공으로 천수만호를 지관止觀하라. 이러한 사고의 발상전환으로 천수만호의 용도는 재지정될 뿐만 아니

---

108) https://blog.daum.net/ckkimssy/15875898 [2022.02.16.]. 세계가 감탄한 서산 간척지 '정주영 공법'에 관한 내용을 정리.

불교의 사유체계와 인공지능 베이즈 이론을 살펴본다 〈경영철학적 의미와 함께〉

라. 용도 자체가 하나만으로 고착된 것이 아니고 오히려 무량한 잠재성을 지닌 가능성의 수단으로 재탄생한다. 천수만호는 어떠한 것으로든 인연조건에 따라 그 기능이 무한대로 재구성될 수 있다. 유조선이라는 자성을 버린 무자성의 천수만호는 더 이상 배가 아니다. 무자성·공을 넘고, 무량의 가를 넘어 이제는 인연생기의 순간마다 무엇으로든 새롭게 탄생하는 '무경계[109]적 무작'의 변신 로봇 트랜스포머로 작동한다."

정주영 공법에서 도출할 수 있는 원융중도적 사고의 함의는 관계와 맥락적 변화에 집중함으로써 기존에 나를 지배하던 나의 자성을 버리고, 나를 변화시킬 줄 아는 과정을 의미한다고 할 수 있다. 선입견을 버리고 나의 눈앞에서 지금 벌어지는 현상세계의 작동방식을 여여하게 관찰하라는 명령이기도 하다. 초원의 들소떼가 먹을 목초가 부족해지면 희생을 감수하면서 죽음을 무릅쓰고 강을 건너 새로운 목초지로 간다.

---

109) 켄 월버 지음, 김철수 옮김(2020), 82, "무한한 법계에서는 모든 사물이 아무런 결핍도 빠짐도 없이 완전무결한 상태로서 모든 (다른) 사물을 동시에 포함하고 있다. 따라서 하나의 대상을 보는 것은 모든 대상을 보는 것이며, 그 역도 마찬가지이다. 이 말은 원자라는 아주 작은 우주 안의 미세한 낱낱의 입자들이 미래의 무한한 우주와 아주 먼 과거의 무한한 우주 속의 무수한 대상과 원리를 완전무결한 상태로 포함하고 있다는 것이다. ... 이것을 평범한 말로 설명하면, '각각의 입자는 다른 모든 입자로 구성되어 있고, 그런 입자들 각각도 동일한 방식으로 동시에 다른 모든 입자로 구성되어 있다.'는 뜻이라고 현대 물리학자들은 말한다."

통념과 질서에 연연하지 말고, 창의적 사고를 통해 새로운 질서를 구축하라는 과정과 닮았다. 위의 정주영 공안을 베이즈 이론과 원융중도 사유의 틀로 정리한 내용이 〈표 17〉으로 글로컬 기업의 현실적 문제 해결방식의 창발성에서도 원융중도의 지혜가 필연적으로 장착되어 작동하고 있음을 확인할 수 있다. 그만큼 불교 프로토콜의 인문학적 가치와 적용성이 확장될 수 있음을 보여주는 사례이다.

〈표 17〉 불교 프로토콜과 정주영 공법 · 베이즈 이론 비교

| 중론의 삼제게(三諦偈) · 정주영 공법 · 베이즈 이론의 비교 | | |
| --- | --- | --- |
| 불교 프로토콜 | 베이즈 이론 | 정주영 공법 |
| 유루법<br>(有漏法) / 중생[자성] | 사전확률분포 | 천수만호라는 배는 원래 유조선이다. 유조선은 배라는 자성으로 고정된다. 자성집착 단계. 배는 배로만 존재한다. 유무의 분별로 세계를 판단한다. |
| 인연소생법<br>(因緣所生法) / 아설즉시공<br>(我說卽是空) | 1차 사후확률분포 | 천수만호는 배가 아니다. 공(空)의 단계, 배라는 자성을 해체. 무생의 무자성 · 공으로 세계를 관한다. |
| 역명위가명<br>(亦名爲假名) | 케인즈적 사건 및 추가적 정보 | 유조선 천수만호만으로는 바닷물을 막을 수 없다는 혼란 즉, 케인즈적 사건 발생. 천수만호를 가라앉혀 막아 |

| | | 두고 메우면 어떨까? 이는 케인즈적 사건, 즉 번뇌를 실마리로 수용함으로써 배의 용도를 재지정. 공에 의거 배의 용도는 무량으로 재탄생. 맥락에 따라 시의적절한 용도 재지정이 가능해진다. 무량한 가유의 존재는 일종의 정보이자 신호이며 케인즈적 사건이다. 무량으로 세계를 관한다. |
|---|---|---|
| 역시중도의<br>(亦是中道義) | 2차 · 3차 · 4차...<br>N차의 갱신<br>사후확률분포 | 천수만호의 자성해체를 통해 용도를 물막이 구조물로 재지정하는 과정이다.<br>배의 용도 확대. 배는 연기에 의한 일시적 가화합물임을 알아채고 새로운 대안을 제시하는 능력이 중도사유이다.<br>천수만호는 어떠한 것으로든 인연조건에 따라 그 기능이 재구성될 수 있다. 유조선이라는 자성을 버린 무자성의 천수만호는 더 이상 배가 아니다. 무자성 · 공을 넘고, 무량의 가를 넘어 이제는 새로운 기능이 불어넣어지는 인연생기의 순간마다 무엇으로든 새롭게 탄생하는 '무경계적 무작'의 변신로봇 트랜스포머로 작동한다. |

# 16

## 불교 프로토콜의 경영철학적 의미

앞에서 제시한 불교 프로토콜과 글로컬 기업의 경영철학을 순차적으로 비교함으로써 궁극적으로 21세기 현대 글로컬 기업의 경영철학이 원융중도의 사유체계의 범주로 귀결되고 있음을 확인하도록한다. 기업의 경영철학은 기업가정신을 달리 표현한 것으로 이해할수 있는데, 글로컬 경영의 현실을 살펴보면 결코 아름답지도 완벽하지도 않고, 논리적 완결성이 없다고 해도 과언이 아니다.

경영철학에 대한 학구적 접근에서는 논리적 이성적 설득력이 있는 것처럼 일목요연하게 정리되어 보이지만 실제로 실전의 기업경영의 현실과 비교하면 괴리가 크다는 사실을 목격한다. 학자들이 정리해 놓은 성공 사례는 과거의 상황과 맥락을 전제로 한 것인 반면에지금 당면한 경영상의 문제는 지금껏 아무도 가보지 못한 낯선 길로서 현재 진행형이기 때문에 고정불변의 정답이 있을 수 없다. 오히려 시중時中의 해결책을 찾아가는 생존경영의 노정路程에 가깝다. 이는 끊임없이 과거를 밀어내고 새로운 제품의 표준과 적용기준을 부단히 쇄신시켜 과거의 자성을 탈피하여 새롭게 경쟁우위를 확보해 가는 자성해체의 과정이라는 점에서 연기법의 무자성·공의 철학과 궤를 같이한다고 볼 수 있다.

경영철학적 관점에서 연기법은 찰나찰나 세계의 표준을 변화시키며 정해진 정답이 아닌 인연조건에 따른 해결책을 찾아가는 것으로 이해할 수 있으며, 나아가 세계를 규율하는 해답으로서의 패러다임을 생산하고 제조하는 역할이라고 규정할 수 있다. 이런 점에서 불교의 원리와 글로컬 기업의 경영철학은 본질적으로 동일한 사유체계에 기반을 두고 작동하고 있다.

글로컬 기업 역시 하나의 존재로서 오온·12처·18계의 태생적 한계가 갇힌 나머지 이러한 한계가 만들어내는 비효율성을 극복하는 데 실패하는 경우 경쟁에서 뒤처져 낙오하게 될 것이 자명하다. 따라서 기업은 한계돌파를 추구하는 속성을 본능적으로 지니고 있다. 치열한 기업 간의 생존경쟁에서 스스로의 위치를 확보하지 못한다면 기업의 미래는 보장받지 못한다.

기업환경의 불확정성이 빚어내는 무수한 문제를 해결해 나가는 과정은 마치 불교가 고·집·멸·도 사성제의 원리를 통해 시대에 뒤떨어진 비효율과 저수익의 경영 문제[사성제의 고에 비견할 수 있다.]에 봉착하는 경우, 이를 분석하여 기존의 문제가 되는 자성적 경영시스템[사성제의 집에 비견할 수 있다.]을 뜯어고치고, 경영혁신[사성제의 도]을 수행하여, 이루고자 하는 경영목표를 달성[사성제의 멸]하는 방식에 비견할 수 있다. 글로컬 기업경영의 작동원리와 불교의 사성제는 서로 동일한 작동시스템에 기초하고 있음을 목도할 수 있는 것이다.

구체적으로 글로컬 기업의 내적 외적 경영방식이 어떻게 불교의 원융중도적 사고와 상즉하는지 알아보겠다. 중도적 사고가 글로컬 기업경영의 핵심이라는 점을 밝힌 연구는 찾아보기 어렵다. 그러나 중도적 사유체계와 글로컬 기업의 경영철학의 관계는 적어도 두 가지 관점, 즉 내부적 관점과 외부적 관점에서 상량商量해 볼 수 있다. 우선 현대기업의 내부구조가 유기적 구성체로서 살아 움직이고 있다는 내부적 관점이 그것이다.

글로컬 기업의 경영지배구조는 수직적 구조와 수평적 구조의 결합으로 이루어진다. 일반적으로 최고 의사결정기관인 주주총회, 이사에 의하여 구성되어 회사의 업무집행에 관한 사항을 결정하는 기관인 이사회, 대표이사[CEO], 그리고 CEO를 정점으로 한 피라미드 수직구조와 경영 부문 간의 수평적 조직으로 짜여져 있다. 예를 들면, 경영전략부문, 인적자원부문 및 조직부문, R&D부문, 생산제조부문, 구매부문, 마케팅부문, 감사위원회, 그리고 CEO의 독단적 경영의 폐해를 방지하기 위해 내부에는 준법경영(compliance) 조직을 두고, 외부에는 외부 독립기관인 준법감시위원회를 구성하여 각종 사법 리스크로 인한 부침을 전면 차단하고 있다. 이들 개별부문들은 대표이사[CEO]를 정점으로 수직적으로 기능하면서 동시에 부문 간에는 수평적 관계를 유기적으로 유지한다.

CEO는 수직적 의사결정 라인의 최상층에 존재하면서 동시에 수직적 계층 간의 막힘과 부문간의 격벽·격력을 관통하고 부술 줄 아는 역량을 동시에 발휘한다. 기업의 경영활동에는 상하 간의 수직적 계층간은 물론이고, 부문간의 수평적 의사소통에도 막힘의 장애가 늘 존재한다. 각 계층이 자신의 계층이익에만 집착하고, 부문이 부문의 아집에 머물게 되는 경우가 그것이다. CEO가 조직의 태생적 한계이기도 한 수직적·수평적 장벽을 제대로 극복하지 못하는 경우, 그 기업의 비효율성이 증대되는 것은 명약관화하며, 지속성장 기업으로서의 미래는 불투명해진다. CEO는 수직적 상하계층이 '무계층적 계층'으로 계층의 장애를 극복하게 하여야 하며, 또한 수평적 부문들이 '무격벽의 격벽'으로 부분의 장애를 파破하도록 리더쉽을 발휘해야 한다.

글로컬 기업의 내부에서 계층과 부문의 장애를 불러일으키는 번뇌로서의 자성고착을 해체시켜 무자성화하는 것과 상통하며, 아집을 공으로 꿰뚫어 중도적 경영을 이루는 것이라 할 수 있다. 그런 의미에서 중도적 경영은 수직·수평을 꿰뚫는 관통의 경영이라 할 수 있다. CEO는 총상적으로 각 계층이 기업의 목표를 지향하도록 조어장부처럼 조어해야 하며, 동시에 별상적으로 각 부문이 부문의 벽을 허물고 서로 통하도록 하는 정변지正遍知[110]하는 역할이라 아니할 수 없다. 그러한 의미에서 CEO는 총상·별상·동상·이상·성상·괴상의 육상원융六相圓融을 현상계에서 구현해야만 하는 존재적 의미를 가지는 것이며, 또한 일즉다 다즉일의 중도적 사고의 상징적 존재이자 중도원리의 실천전문가인 것이다.

CEO를 불교적으로 비유하면 원융중도를 구현하는 지혜와 실천의 상징체라 할 수 있을 것이다.

다른 하나는 기업의 내부의 의사결정 구조의 관점이 아닌 기업의 외부를 둘러싼 사회와 상호작용하는 외부와의 관계적 관점에서 살펴보는 것으로 이는 이해관계자 자본주의 중요성의 대두와 연결되는 현상이다. 글로컬 기업은 내부적 주주관계 뿐만 아니라, 다양한 외부 이해자 관계와의 상호작용으로 작동하는 유기적 생명체이다.

---

110) 여래10호의 하나로 불(佛)과 같은 뜻이다. 즉 올바른 깨달음을 얻은 자라는 말이다. 그러므로 정변각(正邊覺)·등정각(等正覺) 또는 정각자(正覺者)라고도 불려진다.

111) https://terms.naver.com/entry.naver?docId=72206&cid=43667&categoryId=43667 [2022.02.17.]. "주주자본주의(shareholder capitalism)는 주주를 경영의 중심에 두는 미국식 자본주의를 말한다. 즉, 경영의 중심을 주주 가치 극대화에 두는 것으로, 주주가 직간접적으

주주자본주의111)에의 고착을 벗어나 진정한 기업의 가치를 제고시키기 위해서는 주주(Stock holder) 뿐만 아니라 다른 이해관계자(stakeholder)112)의 관심도 충족시켜야 한다. 이를 이해관계자 자본주의(stakeholder capitalism) 라 하는데 '이것이 있어 저것이 있고, 저것이 있어 이것이 존재하는' 연기법에 따라 구성되고 살아 움직이는 존재임을 알 수 있다. 기업이 사회와 공생·공존하고, 핵심가치를 공유하는 이해관계자 자본주의로의 전환은 거스를 수 없는 '차세대 표준(Next Normal)'이 되었다.

기업의 핵심은 지속 성장을 통한 부가가치의 창출이라 할 수 있다. 이를 달성하기 위한 방편의 하나로 부각되고 있는 것이 이해관계자 자본주의로서 이는 기업이 주주만이 아니라 기업이 속한 공동체의 일체의 이해관계자의 요구가 수용되는 '일즉다'의 경영철학적 체계를 갖출 때 더 큰 경제적 가치를 창출할 수 있다는 점을 알려준

---

로 경영에 참여한다.": 주주 자본주의 단점으로는 제시되고 있는 것을 예로 들면, 편협한 시각, 단기 실적주의, 중장기적 성장기반 약화, 비정상적 해고, 다른 이해관계자 고려하지 못함, 단기적인 주주 이익 중시, 설비투자, 기술개발 대신 투기자본 증가, 노동자 비정상적 해고 등이다.

112) https://terms.naver.com/entry.naver?docId=71296&cid=43667&categoryId=43667 [2022.02.17.]. "고객·노조·거래기업·채권자·정부·사회일반에 이르기까지 이해관계자(Stakeholder) 모두에게 신경을 쓰는 독일·일본식 자본주의를 말한다. 이는 주주에 대한 배려보다는 기업에 소속된 모든 종사자와 공존공영하는 것을 경영목표로 한다."

다. 불교적으로 비유하면 기업은 지속적인 상호작용과 상호의존이
작동하는 관계속에서 존재하는 생명체의 특성을 공유한다는 점에서
상통한다. 아래의 〈그림 7〉[113]은 이를 설명하고 있다.

〈그림 7〉 이해관계자 자본주의

이해관계자 자본주의의 부상

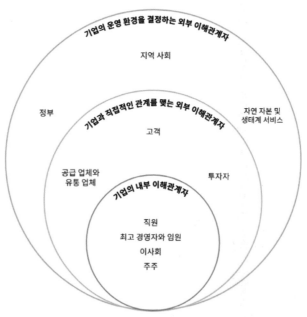

출처 : McKinsey & Company

지속 성장의 글로컬 기업은 결코 기존의 낙후된 경영시스템에 머물지 않는다. 자성에 고착된 폐쇄형 기업이 아니라 일체의 환경변화에 열린 개방적[open system] 자세를 견지한다. 아래의 '고르디우스의 매듭'과 관련한 에피소드는 시사하는 바가 크다.

> "세계 경제는 고르디우스의 매듭으로 복잡하게 묶여 있다. 여러 갈등이 얽혀 있고, 무엇을 해야 하는지에 관한 생각도 저마다 다르기 때문에 억지로 당기고 풀려고 할수록 매듭은 더욱 단단하게 묶인다. 알렉산드로스 대왕(기원전 356년~기원전 323년)은 고르디우스의 매듭을 풀 수 있는 방법은 한 가지밖에 없다는 것을 보여주었다. 검을 꺼내들고 매듭을 잘랐다. 이를 자르는 것은 과거의 실타래를 풀거나 미래를 정확히 예측하는 행동이 아니라, 창의적 행동이나 무언가를 엮어 새로운 것을 만들거나 지금 있는 것으로 더 튼튼한 무언가를 만드는 행동이다."[114]

불교 프로토콜의 관점에서 '고르디우스의 매듭'은 자성에의 집착인 유제有諦을 상징하며, 매듭을 자른 날카로운 검劍은 공으로 배대

---

113) https://www.alliancebernstein.com/library/Korea-articles/sustainability-and-investing-lessons-learned-in-the-pan [2022.02.17.].
114) 피파 맘그렌 지음, 조성숙 옮김(2019), 447, 467, 492.

할 수 있다. 과거에 대한 집착과 미래에 대한 두려움으로 번뇌에 휩싸여 제자리에서 한 발자국도 움직이지 못하는 기존의 매듭풀기 방식으로는 해결난망이다. 매듭이 본래 매듭이 아니었음을 보는 공의 지혜는 매듭을 소음으로 보지 않고 소음 속에 숨은 한 줄기 빛의 신호로 해석하는 파괴적 혁신적 사유체계를 필수적으로 장착하고 있다. 기업의 관점에서 이는 생존 확보이자 멸종에의 저항이다. 그것이 바로 무자성·공이 지닌 경영철학적 의미로서 기존의 시대를 읽지 못하는 낡고 비효율적인 경영시스템의 혁신적 해체와 직결된다 하겠다. 비슷한 사례는 여러 분야에서 찾아볼 수 있다. 16세기 코페르니쿠스는 지동설로 우주의 중심에서 지구를 과감하게 몰아내는 대변혁을 일으킨 바 있고, 아인슈타인의 상대성원리는 뉴튼을 넘어섰고, 아인슈타인은 다시 양자역학에 의해 구축驅逐되었고, 다시 먼 훗날 양자역학마저 방출되는 날이 올 것이다. 경제학에서는 이를 '거대한 전환(The great transformation)'이라고 부른다. "Business

---

115) https://naturalcapitalforum.com/news/article/guest-blog-business-as-usual-is-dead/ [2022.02.19.].

116) https://terms.naver.com/entry.naver?docId=994926&cid=41893&categoryId=41907 [2022.02.20.], "지의에 따르면, 비유비무(非有非無)의 진리를 올바르게 이해하지 못함으로써 중도를 깨닫는 것을 방해하는 번뇌이다. 그는 무명혹을 가에 들어가는 관과 중에 들어가는 관을 통해 끊는다고 설명했다."

as usual is dead"[115] 이 말을 글자 그대로 풀면 "지금껏 하던 방식으로 경영을 지속하면 죽음뿐이다."라는 뜻이다.

비효율적 낡은 자성에 얽매여서는 현상세계의 무량한 변화인 가유假有를 읽어낼 가관假觀이 부재한 것이고, 케케묵은 해결책의 복사판으로 대응하는 대신 기존 현실에 얽매이지 않는 창의적 사고의 전환방편으로서 중관이 필요하다. 따라서 혁신적 기업의 경영시스템의 구축과정은 공·가·중 삼관에 의거한 불교 프로토콜 원융중도의 작동기제와 근본에서 일치한다.

『中論』의 가관은 단공但空에 빠진 아라한을 재교육시키고자 하는 대승의 필요에 의해 제기된다. 단공에 빠진 자들은 가관 부재로 인해 진사혹으로 헤맨다. 시시각각 변화무쌍한 무량의 현상계에서 무엇이 중생에게 적합한 가르침인 줄을 알지 못한다. 공관으로 무장을 했지만 무량한 현상세계에서 길을 잃고, 진사혹塵沙惑에 허우적 되는 신세이다. 마침내 단공관의 한계를 깨닫고 가관을 통해 현상세계는 단지 가화합에 지나지 않는 시설施設임을 깨닫는다. 그럼에도 여전히 무엇을 골라야 하는지를 선택하지 못하거나 혹은 기존의 사업이외의 사업다각화의 어려움을 인지하지 못하고 치밀한 사업타당성 검토와 분석없이 무모하게 사업확장을 하는 어리석음이 초래하는 무명혹無明惑[116]에 빠질 수 있으므로 이를 공관과 중관에 의거하여 치료할 수 있다고 하였다.

글로컬 기업이 그 무수한 대안 중에서 자신의 상황에 맞는 적합한 것에 관심을 갖는 것이 가관이며, 집중한 것들 중에서 최적안을 선택하고 의사결정하는 것이 바로 중관이라 할 수 있다는 것으로 배대할 수 있는데 이는 글로컬 기업경영의 '집중과 선택의 경영전략'이 바로 원융중도의 작동기제와 근본적으로 다르지 않다는 것을 보여준다.

원융중도에 함의된 경영철학적 의미는 관성의 법칙에 안주하지 말고 혁신의 '전환점'에 집중하라는 점에서 상즉한다. 글로컬 기업의 관점에서 절대절명의 전환점은 공즉가의 원융중도가 작동하는 포인트와 일치하기 때문이다. 기업환경의 불확실성으로 제자리에서 안주하고 주저할 때 적극적으로 변화의 계기와 발판을 만들어 내야 하는 이른바 전환점을 포착하고 자신의 것으로 재해석하는 방법이기도 하다. 전환점이란 단지 살짝 변화만 주는 그런 차원이 아니며, 지금까지 달려오던 궤도와는 전혀 다른 쪽으로 대전환을 틀어야 할 포인트이다. 글로컬 기업경영에 있어 전환점은 처음에는 작고 보잘 것없는 미미한 신호처럼 보이지만, 그 내면에는 글로컬 기업의 숨은 잠재력을 이끌어 낼 수 있는 엄청난 '잠재적 경영혁신 에너지'를 품고 있는 결정체이기도 하다.

전환점이란 '지금까지와는 전혀 다른 방식으로 생각해 보라'는 일종의 신호로서 마법과도 같은 선물이라 할 수 있다. 잠재적 경영혁신 에너지란 이전에는 해본 적이 없는 기업가적 행동을 과감히 할 수 있게끔 박차를 가하는 힘으로서, '지금 이대로'가 아닌 '앞으로 어떻게'라는 시선으로 돌려세운다. 끝없이 목표를 재설정하고 용기 있게 새로운 방향으로 투자할 수 있게 하는 기폭제와도 같다. 불확실성이 지배하는 치열한 경쟁환경 속에서 한치앞도 내다보기 난망하지만, 그럼에도 지속 성장기업으로 성장발전하기 위해서는 불안과 우려가 상존하는 속에서도 전환점이 작동하는 포인트를 발견하여, 관성의 법칙을 어의고 전환점으로 갈아타는 지혜를 발휘해야 한다.

관성에 머무는 행위는 자성에서 벗어나지 못하는 것으로 기업 존속이 불투명해질 가능성이 높다고 할 수 있다. 전환점은 기회의 덩어리 집합이기에 전환점으로 인식하는 순간 바로 수많은 경우의 가능성을 적극검토하고 최적의 대안을 선택, 그리고 행동하는 것이 기업의 의사결정방식이라는 점에서 중도적 사유에 기반한 경영철학과 통한다."117)

베이스의 관점으로 보면 전환점은 사건, 사태, 자극의 또 다른 표현이다. 불교적 관점에서 해석하면, 인연생기의 순간을 지칭하며, 일

---

117) 에릭 시노웨이 · 메릴 미도우 지음, 김명철 · 유지연 번역(2013), 8-9, 28.

체의 맥락이 결집되는 순간이자 일체의 맥락이 작동하는 포인트이다. 일체의 맥락집합 중에서 스스로의 근기수준에 따라서 선택하는 맥락의 개수가 스스로의 운명을 결정지을 뿐이다. 맥락의 속성자체가 전환점이기에 우리는 언제 어디서나 전환점이라는 경계에서 살고 있는 셈이다. 중도는 스스로 길을 선택하는 여행자이지, 길이 대신 걸어주는 방랑자가 아니라는 점에서 관성의 타파이다. 중도적 사유체계에 입각한 중도적 행동은 베이스 이론의 작동원리처럼 새로운 정보를 얻는 인프라를 자신의 내부에 구축하는 것과 다름이 아니다. 나아가 새로운 정보는 우리의 시야를 넓히는 원동력으로 작동할 것이다.

변화에는 둔감한 상태로 일체의 맥락에 무대응으로 일관하는 집착과 자신의 아집이 지시하는 바에만 추종하여 분별하는 버릇이 지배하는 미혹세계에 안주해서는 더 이상의 대자유의 새로운 세계는 열리지 않는다. 한마디로 희망 제로일 뿐이다. 중도는 그런 의미에서 실천적 사유이자 행동주의자이다. 인간은 늘 언제 어디서나 전환점에 서 있다는 것을 가르치는 것이 중도의 가르침이다. 전환점이 주는 메시지는 단 하나, '바꿔라, 너의 뇌구조를 바꿔라, 너의 뇌 신경망을 변화시켜, 커넥톰을 재구축하라' 라고 감히 말할 수 있다. 맥락의 결집체라는 점에서 전환점은 수많은 조건, 즉 인연이 만나는 네트워크이며, 상호작용이 펼쳐지는 플랫폼이자 인드라망이 된다.

글로컬 기업의 경영철학과 원융중도는 불확실성을 공유한다. 원융중도를 현대적 의미로 비유하면 무량한 변화를 발생시키는 상호작용, 즉 상호관계에 대한 시시각각의 선택이라 할 수 있다. 포기하는 것, 그것이 선택이기에. 원융중도는 늘 '포기즉선택', '선택즉포기'의 원리를 따른다. 맥락에 따르되 늘 포기와 선택의 순환구조 속에 존재하는 관계 자체라고 정의할 수 있는 원융중도는 경계와 변방, 그리고 국경선이 자신의 유일한 거처로서, 고정적으로 머무는 곳이 아니라 항변恒變하는 묘한 거처를 상징한다는 점에서『금강경』의 그 어느 것에도 머물거나 고착되지 말라는 "응무소주 이생기심"[118]과 직접적으로 근본을 같이한다.

불확실성의 회피로 인해 눈에 안전한 것으로 보이는 것에만 집착하는 경향성을 거부한다. 사실 아인슈타인의 물질과 에너지는 바뀔 수 있다는 질량에너지 등가법칙 '$E=mc^2$'이 보여주는 인문과학적 가치는 **관계적 사고**는 물질과 에너지의 **분별적 사고를 깨뜨리는 원융중도의 재해석**이다. 관계적 사고 자체인 원융중도의 본질은 불확실

---

118) 『金剛般若波羅蜜經』 (T8, 749c20-23), "諸菩薩摩訶薩應如是生淸淨心。不應住色生心。不應住聲香味觸法生心。應無所住而生其心." : '응무소주'가 포함된 문구의 의미는, 대승의 보살이라면 육바라밀을 행하여 해탈로 나아가고자 할 때 색성향미촉법 등 육근의 대상인 육경의 그 어디에도 머물거나 그 어떤 무엇에도 집착되어서는 안 됨을 말하고 있다.

성이라 정의할 수 있으며, 확실이라는 것이 존재한다는 유무의 분별적 허망이 전혀 없다고 해도 과언이 아니다. 늘 불확정성에 도전하며, 변화에 집중하고, 그 변화를 일으키는 관계에 도전한다. 관계는 양가불이의 불확정성이라는 원리를 확장시키면 원융중도의 사고의 근본에는 확률적 의미가 함의되었음을 발견할 수 있다.

낙타를 타고 동물의 잔해를 보고 길을 찾아가는 서역승에게 길이란 '정해진 길 없는 관계의 길'일 뿐이며, 어두운 밤 소리는 들리지만 어디서 누가 울부짖는 소리인지조차 가늠할 수 없는 '정해진 소리 없는 관계의 소리'이고, 북극성을 바라보며 거친 바다를 항해하는 뱃사람들에게 바다는 '정해진 해로가 없는 관계의 해로'인 것이다. 원융중도의 현대적 의미는 무량한 관계가 펼쳐내는 현상계에서 생존하려는 처절한 몸짓의 발현이기에 몸을 내던지고, 도전하며 아무도 가지 않은 길에 나서는 것이며, 보이지 않는 불확정성의 확률, 즉 일말一抹의 가능성에 도전한다.

표준편차가 무한대라는 숫자, 즉 확률적 가능성이 거의 제로에 가까운 거의 불가능에 가까운 아주 미미한 가능성의 수치가 나오더라도 과감하게 리스크 - 테이킹[risk-taking] 한다. 그 이유는 기존의 고정관념에 매몰되어 기존과 다름은 보이지 않지만 보이지 않는 것에 가치가 있음을 알고 있기에 새로운 가치를 부가시키는 다름에 주목하고 숨어있는 가치를 잡아내려고 도전한다는 것이 원융중도의 본질이라는 점은 늘 변화를 관찰하고, 관계가 만들어 내는 변화의 크기와 방향에 주목하며, 그리고 조짐과 징후를 선점·선택하는 글로컬 기업의 경영철학의 근본과 일치한다.

기업은 기존의 경쟁구도를 획기적으로 바꿈으로써 경쟁우위를 확보하고자 노력하는데 이는 기존의 고정된 관계구조를 혁신적인 관계구조로 재구성하는 것이자 지금까지의 고정된 플랫폼과 판을 바꿔버리는 무분별적 분별의 행동방식과 통한다. 불교 프로토콜로서의 원융중도가 플랫폼 설계자로서 상호작용의 관계를 바꾸는 힘을 가진 것이라고 말할 수 있는 근거이기도 하다.

불교 프로토콜 원융중도에 함의된 또 다른 경영철학적 메시지는 '위기감지시스템'을 구축하여 지속 성장기업으로서 생존하라는 가르침이다.

"불교 프로토콜 원융중도의 근본은 변화와 흐름의 중요성을 제대로 포착하라는 가르침이다. 현대사례를 하나 들면, '프레너미(Frenemy)'는 맥락에 따라 적과 동지의 관계가 찰나찰나 변화하며 가설되는 것이지 고정된 실체는 없다는 용어인데, 잘 아시다시피 '어제의 동지가 오늘의 적이고, 오늘의 동지가 내일의 적'이라는 표현으로 적 속에 동지가 있고, 동지 속에 적이 있다는 냉혹한 현실을 말해준다. 중도

사유는 경영환경의 극심한 변화 속에서 패스트 팔로어(fast follower)로서 따라가는 것이 아니라, 퍼스트 무버(first mover)[119]로서 선도적 지위를 차지하기 위해서는 흐름이라는 변화의 조짐, 변화의 방향, 변화의 속도, 변화의 영향의 맥락을 제대로 꿰뚫는 정관正觀의 능력을 갖춘 게임 체인저가 되어야 한다는 가르침이다. 중도사유의 가르침을 현대 기업 경영에 적용시키면 일종의 '위기감지시스템', '민감도분석시스템', '징후감응시스템'을 구축하는 것이라 할 수 있으며, 이는 현대 경영의 지속 성장기업의 필요충분조건과 일치한다. 주어진 경계를 돌파하라는 메시지와 통한다. 경영은 재무제표의 마지막 숫자가 붉은색[적자(be in the red)]이면 사라지고, 검은색[흑자(be in the black)]이면 지속 성장하기 때문이다. '지금까지 잘해왔다.'고 해서 '앞으로도 잘할 것이다.'라고 정해진 법칙은 없다. 단지 흐름의 변화를 제대로 읽느냐 그렇지 못하느냐의 한계돌파의 중도적 사고에 달려있을 뿐이다."[120]

글로컬 기업들이 벌이는 승자독식의 경제전쟁의 현장은 『도덕경』

---

119) https://terms.naver.com/entry.naver?docId=2082476&cid=43667&categoryId=43667 [2021.08.02.]. "인터넷 후속주자로서 새로운 제품이나 기술을 빠르게 따라가는 전략 또는 기업을 일컫는 패스트 팔로어(fast follower)와 달리 산업의 변화를 주도하고 새로운 분야를 개척하는 창의적인 선도자를 말한다."

120) 이홍제(2021), 417.

121) 이홍제(2021), 412, ; 최진석(2013), 20, "故常無 欲以觀其妙, 常有 欲以觀其徼"; 김용옥(2021), 12. "故常無 欲以觀其妙, 常有 欲以觀其徼"; 임헌규(2022), 12. :『康熙字典』의 요(徼)자 해설을 보면 명사로는 "邊境", 동사로는 "貪求不止 [be greedy for]"와 "徼. 抄也", "截擊" 등의 뜻

1장의 용어를 빌면 "요(徼)"[121], 즉 약육강식 · 적자생존 · 자연도태의 세계이다.

"불확실성이 일상사인 글로벌 경영환경 속에서 기업이 경쟁우위를 확보하여 미래에도 생존하기 위한 조건은 아래의 보고서「지속성장 기업의 조건」에서 강조하는 내용을 참조하더라도 '변화의 흐름'을 포착하고 '한계돌파'하는 '무경계의 중도' 지혜를 갖추느냐 그렇지 못하느냐에 달려있음을 알 수 있다.

'우선, 비즈니스 가설에 대한 지속적인 업데이트가 필요하다. 오늘의 고객과 경쟁자가 내일이나 일년 후에도 고객이고 경쟁자일 거라고 단정할 수 없다. 둘째, 물질적 자산이 경쟁력이라는 생각을 버려야 한다. 단순히 자산에 기대는 것이 아니라 새로운 개념의 창의적 사고와 자산이 결합되어야 한다. 오늘의 투자가 내일의 발목을 잡는 결과를 초래하지 않도록 해야 한다. 셋째, 우리가 무엇을 할 수 있고 무엇을 할 수 없는지가 아니라, 시장과 고객이 절실하게 원하는 것에 초점을 맞추어 상품 · 서비스를 창출해야 한다. 넷째, 남들과 다른 관점에서 의

---

을 지닌다. 한편『도덕경』백서본에서는 요(徼)자가 교(噭)자로 표현되고 있는데 두 글자는 의미에 있어 본질적으로 필자의 주장과 다르지 않고 상통한다. 왜냐하면『康熙字典』의 교(噭)자 의미를 해설하는 예로서 "噭嗃(野兽号叫 ; 高声叫呼) ; 噭哮(高声长鸣)"들은 맹수들이 으르렁거리며 격하게 울부짖는 소리로서 치열한 약육강식과 생존경쟁의 세계를 직접적으로 표상하는 글자이기 때문이다.

문을 제기하며 기존의 생각과 방식에 도전하는 경쟁에서 승리하는 남과 다름을 만들어야 한다. 마지막으로 예기치 못한 사태에 의해서 경영환경이 급격하게 변화될 가능성은 늘 상존한다. 해서 이를 감지하고 대응하는 유연하고 신속한 체제와 역량을 구축해야 한다.' [122] 따라서 경영철학으로서의 원융중도의 사유는 서로 상즉함을 확인할 수 있다."[123]

글로컬 기업의 경영철학은 계절의 변화를 감지한 인도 기러기 철새들이 높고 험준한 히말라야를 넘는 행동방식에서 나타나는 현재를 버리고 미래를 선택하는 집중과 선택이라는 중도적 사유방식과도 비견할 수 있다. 그리고 그것은 운수행각, 운수납자란 말처럼 한시도 소주所住하거나 고여있지 않고, 늘 흘러 이동하는 깨어있음과 통하며, 썩지 않음이다.

글로컬 기업이 새로운 기술, 새로운 생산방식, 디자인, 제품과 상품의 차별화로 경쟁우위를 확보하고자 하는 시도와 다를 바 없다. 이는 흐름을 타고 새로운 곳으로 가는 시중時中의 중도적 의사결정이기도 하다.

---

122) 김범열(2016), 2.
123) 이홍제(2021), 417-418.

"겨울 철새 중의 하나인 인도기러기는 겨울을 나기 위해 몽골에서 티베트 · 인도로 날아 피신한다. '세계의 지붕' 이라고 일컫는 히말라야산맥은 해발 7000~8000m의 고봉高峯이 즐비해 '새조차 함부로 넘지 못하는 땅' 으로 알려져 있다. 그럼에도 불구하고 이들이 히말라야를 넘어 날아오는 이유는 겨우내 몽골이 얼어붙어 물을 먹을 수 없고 땅도 눈으로 뒤덮여 먹이를 찾을 수 없는 기후변화를 감지했기 때문이다. 타성적 삶을 버리고 창의적 삶을 찾아가는 철새들의 이동은 생존을 위한 비행이다. 낭만적인 여정이 아니라 생과 사를 걸고 싸우는 무서운 승부이고 승리의 전략인 것이다. 철새들은 새로운 온도와 습도, 먹이를 찾아 이동한다. 철새들의 여정은 생존의 몸부림인 동시에 대자연의 오디세이다. 철새들의 본능을 일깨우는 '조짐' 은 바로 날씨의 변화며 하루하루 달라지는 기온의 변화이다. 이에 대한 생리적인 반응이 작동하지 않는다면 이동에 대한 강한 충동이 없을 것이며 그 결과는 말할 필요도 없다. 기러기의 머나먼 여행은 사소한 '변화감지능력' 에서 시작되는 것이며 그것이 생과 사를 가른다. 이처럼 중도적 사고는 기업이 현재 있는 위치가 불안정할 수 있다는 것을 전제로 한다.[124] 관계가 만들어 내는 경영환경의 변동성을 제대로 탐지하기 위해서는 통

---

124) 이홍제(2021), 418. : 하나의 예로, 24시간 쉬지 않고 움직이는 외환시장의 환율가격 결정 과정을 살펴보면, 환율의 현재가격은 늘 불안정하며, 늘 변동하면서 새로운 위치를 찾아가는 데 마치 과거[자성, 사전확률분포]에 머물다가 새로운 정보[혼란 · 무질서]가 쏟아져 들어올 때마다 그것에 맞추어 기존의 환율가격을 내려놓고[자성해체], 조정된 새로운 균형환율[중도, 사후확률분포]을 구축하는 것과 닮았다.

념의 기업경영, 과거 질서의 기업경영, 경쟁이 치열한 레드오션(Red Ocean)의 기업경영에 머물지 말고, 창의적 사고를 통해 아직 게임의 법칙이 정해지지 않은 경쟁우위를 확보할 수 있는 새로운 블루오션(Blue Ocean)을 찾아가야 한다. 자성을 해체하여 유연성을 확보하고, 기득권에 안주하지 않으며, 과거의 프레임에 집착하지 않으며, 열린 마음으로 새로운 공간으로 이동하는 자가 생존확률을 높인다는 점에서 중도의 지혜는 '지속 경영' 및 '승자의 전략'을 추구하는 경영철학과 다름이 아니다. 이렇게 볼 때, 기업의 지속 성장을 도모하기 위해서는 경영의 '변화감지능력'의 폭과 깊이, 그리고 속도를 제고시키는 중도사유의 수준을 높이는 부단한 정진으로, 험난한 글로벌 경쟁의 현실을 헤쳐 나가라는 메시지인 것이다."[125]

비효율을 극복하고, 새로운 패러다임, 새로운 표준을 부단히 발굴하고, 수용함으로써 기업가치를 확장시키는 시너지 전략, 즉 글로컬 기업의 경영철학으로서의 시너지 효과[synergy effect, 相乘效果]는 일즉다의 원융중도 원리와 상즉한다. 예를 들면, 기업합병으로 얻은 경영상의 효과. 기업합병으로 2+2→5와 같은 경영상의 효과를 나타내는 작용을 가리킨다. 기업의 재구축작업인 리스트럭처링에서 특

---

125) 이홍제(2021), 418.

히 중요시된다.

　시너지란 본래 인체의 근육이나 신경이 서로 결합하여 나타내는 활동 혹은 그 결합작용을 의미한다.[126] 즉, '1＋1'이 2 이상의 효과를 낼 경우를 가리키는 말이다. 예를 들어 경영다각화전략을 추진할 경우, 이때 추가되는 새로운 제품이 단지 그 제품값만큼의 가치만이 아닌 그보다 더 큰 이익을 가져올 때를 말한다. 신제품을 추가할 때 기존의 유휴설비·동일 기술·동일 유통경로(구조) 등을 활용함으로써 시너지효과는 발생한다. 만일 주유소에서 건강식품을 판매한다면 새로운 점포의 설치가 필요 없으며, 유통비용도 절감된다.[127]

　일즉다의 중도적 사고는 새로운 인연조건을 추가시킴으로써 그 이전에는 가져보지 못한 깨달음 혹은 가치의 획기적 증대를 도모하는 방편이라는 점에서 글로컬 기업의 경영철학에 배대할 수 있다. 자연계에서는 공생 또는 상생의 관계에서 관측할 수 있는데, 전체[일]는 부분의 합[다]보다 더 큰 상승효과[즉]를 가져온다는 의미가 함의되어 있는 것이다. 아래의 인용은 이를 설명한다.

---

126) https://terms.naver.com/entry.naver?d[2022.02.26.] : [네이버 지식백과] 시너지 효과 [synergy effect] (한경 경제용어사전)

127) https://terms.naver.com/entry.naver[2022.02.26.]:[네이버 지식백과] 시너지효과 [synergy effect] (두산백과)

"훌륭한 요리사는 서로 다른 맛을 잘 섞어서 조화롭고 감미로운 새로운 맛을 만들어 낸다. 이때 각각의 맛들은 자신의 고유의 맛을 잃어버리지 않고 유지하면서도 서로 조화를 이루어 더 훌륭한 맛을 만들어 낸다."[128]


글로컬 기업의 경영철학은 상구보리 하화중생의 원리를 실행하는 수승한 조직체라 할 수 있다. 찰나찰나 세계를 지배하는 작동원리가 바뀌는 다이내믹한 세계가 펼쳐지고 있는 상황에서 글로컬 지향 기업은 어떠한 대응태세를 갖추어야 하는 것일까?

변화의 맥락과 흐름을 적시에 정관正觀하여 미미한 신호, 사소한 실마리가 제시하는 조짐과 징조를 읽어내서, 주도적인 자세로 이를 미래를 재구성시키는 혁신의 기회로 삼아 불확정성의 위험을 측정, 감당할 수 있는 연구와 개발에 집중투자하고, 이를 통해 '지속가능 기업'으로서 사회·경제적 부가가치를 창출하는 사회적인 책임과 의무를 기꺼이 짊어지겠다는 사명감이 요구된다. 감당해야 하는 핵심 과업의 또 하나 빼놓을 수 없는 것이 바로 하화중생으로서의 인재육성이다.

미래의 동량으로서 미래의 주축이 될 인재의 양성은 글로컬 기업뿐만 아니라, 인류의 미래를 위한 지대한 관심사항이다. 이러한 측면에서 중도적 사고로 단련된 경영자는 타클라마칸 사막과 고비사

막의 험난한 세계에 몸을 던지는 카라반의 상구보리의 도전정신, 그리고 극심한 기업환경 변화 속에서 집중과 선택을 통한 미래의 먹거리를 만들어 가는 전문가 집단으로서의 하화중생의 원리를 실천하는 존재로 규정할 수 있다는 생각이다.

글로컬 기업의 현장중심주의 경영철학은 문제해결을 지속적으로 도모한다는 점에서 중도의 사유체계와 맞아떨어진다. 중도적 사고는 동일한 것을 그저 반복하는 것이 아니라 인연조건에 즉각적으로 감이수통感而遂通[129]하여 지속적으로 의사결정 능력을 개선시키는 힘이라 할 수 있다.

문제해결을 통한 경영의사결정 능력의 지속적 개선이 의미하는 바는 과거와의 차이를 극대화시키고 또한 경쟁기업과의 격차를 심화시키려는 경영전략이다. 이는 혁신기업 및 초일류기업으로 가는 필수 조건이라는 점에서 중도적 사고에 입각한 경영철학은 경쟁우

---

128) 리처드 니스벳 지음, 최인철 옮김(2021), 33.

129) 『易 繫辭上傳』에 "易 無思也 無爲也 寂然不動 感以遂通天下之故"라 하였는데 그 의미는 역은 생각함도 없고 하는 것도 없으며, 고요하여 움직이지 않다가 느껴서[감응하여] (홀연히) 천하의 연고에 마침내 통하게 된다는 뜻이다. 의도를 드러내지 않으며, 포커페이스로 숨죽이고 있다가 인연조건을 알아채는 순간 바로 신속히 Just do it의 행동을 함으로써 세계가 작동하는 원리를 읽는 탁월한 경영능력으로 비견할 수 있다.

위 확보 전략과 통한다. 이렇듯 문제해결 능력으로서의 중도적 사고는 현장중심주의에 해결의 열쇠가 있음을 가르쳐준다. 예를 들면, 무결점의 세라믹을 만드는 공정, 반도체 칩을 만드는 공정 등과 다를 바가 없다. 불교적으로 해석하면 사실 불량품이 나오는 공정은 자성에 고착된 현상으로 해석할 수 있는데, 기존의 프레임, 설계방식에서 그저 머물고 있기에 불량품의 개선이 쉽게 이루어지 못한다.

무자성·공의 관점에서 문제의 해결책은 현장에 있다는 현장주의에 입각하여 제조현장에서 발생하는 수 많은 공정상의 문제들이건네는 신호 즉, 실마리를 찾아내고 이를 선택적으로 수용하여 마침내 최적의 방식을 선택하는 과정과 그것으로 최종 확정시키는 프로세스는 중도적 사고방식과 상즉한다. 중도적 사고에 내포된 시중時中의 철학은 현장주의에 투철한 글로컬 기업이 수많은 대안 중에서 최선을 선택하는 경영전략으로 비견할 수 있다.

따라서 지금까지의 중도적 사고의 실천적 확대의 하나로서 경영철학적 적용성 확대에 관한 이 책의 논지는 중도사유가 고금을 아우르는 인문과학적 프로토콜로서 불교의 가치를 재평가하는 계기가 될 것으로 기대한다.

# 일곱 번째 강의

그렇다면 중도사유의 현대적 의미는

이 책에서는 불교의 프로토콜, 즉 원융중도로 귀결되는 불교의 사유체계가 인공지능의 작동원리인 베이즈 이론 및 21세기 글로컬 기업의 경영철학과 연결되어 있으며 있음을 해석학적으로 분석하는 과정을 통해서 불교 원융중도의 프로토콜에 잠재된 가치를 드러내고 그 지평을 확대하고자 했다.

불교의 중도사유의 진리 체계는 인간의 사고체계를 관장하는 뉴런 세포로 구성된 뇌 신경세포에도 깊숙이 각인되어 있어, 인류의 지나온 역사와 당면한 현대는 물론이고, 미래에도 여전히 변함이 없이 작동할 것으로 생각했다. 이에 현대과학 총아의 하나로 일컬어지는 인간의 인지체계를 연구하는 현대 뇌과학의 핵심 원리 내에서도 불교의 중도사유의 원리가 존재하고 있을 것이다.

이러한 인식하에, 필자는 불교의 사유체계가 지니는 현대적 의미를 두 가지 관점에서 새롭게 제시한다.

첫째는 인공지능의 작동원리의 근간을 이루는 확률통계적 추론방식인 베이즈 이론과 다른 하나는 21세기 글로컬 기업의 경영철학적 관점이다. 이를 위해 우선 현대 뇌과학의 핵심 원리를 설명하는 베이즈 이론과 불교의 핵심원리인 12연기 · 삼법인 · 사성제 · 팔정도로부터 무자성 · 공, 즉비논리, 그리고 중도사유와의 상즉성을 밝힘으로써, 불교의 사유체계가 함의하고 있는 현대적 · 과학적 가치를 새롭게 제시하였다. 이어서 베이즈 이론의 원리를 선종의 공안과 연결되고 있음을 다시 한번 드러냈으며, 또한 이 같은 불교의 프로토콜로서의 중도의 사유체계가 21세기 글로컬 기업의 경영철학적 관점과 어떻게 연관되는지 그 의미가 무엇인지를 구명해 보고자 하였다. 이는 불교 프로토콜로서의 원융중도가 갖는 현대적 지평을 새롭게 확장하고, 심화시키는 하나의 계기가 될 것으로 기대한다.

이 책을 쓰게 된 계기는 불교의 원리와 무관한 듯 보이는 경제학자 존 메이너드 케인즈(John Maynard Keynes, 1883~1946)의 말이 그 단초라 할 수 있다. "사실事實이 바뀌면 나는 내 의견을 바꿉니다. 당신은 어떻게 하십니까?"라는 말은 신념은 최종 결론이 될 수 없고, 사실에 굴복해야 한다는 말인데 케인즈는 신념과 주장도 불교적 관점에서 표현하면 자기동일성이라는 실체는 존재할 수 없다는 생각을 가지고 있었던 경제학자의 하나였던 것으로 판단할 수 있다.

케인즈의 어록에서 '사실'이라는 단어에 주목했다. 케인즈의 '사실'이 깔끔한 시스템과 질서가 아닌 혼란과 무질서, 불교에서의 번뇌와 혹惑, 그리고 뇌과학 및 베이즈 이론에서의 새로운 정보 및 자극[일종의 노이즈]과 상통할 것이라는 판단을 하였다. 구체적으로 들여다보면 불교의 사유체계와 베이즈 이론이 모두 혼란과 무질서에 내재된 마법같은 그 유용성에 집중하고 있다는 점을 알 수 있다.

또 다른 이유는, 동서양 사상교류의 역사적 사실에서도 동양의 대승불교의 사유체계가 서양의 과학과, 서양의 철학적 사고에 깊이 각인되어왔음을 확인할 수 있었다는 점 때문이다. 불교의 공과 중도의 사유체계가 서양의 포스트모더니즘의 자아 해체뿐만 아니라 서양 근대 과학의 사고방식에 지대한 영향을 끼쳐온 역사적 사실에 판단해보더라도 불교의 사유와 서양의 확률통계학의 베이즈 이론과도 서로 밀접히 맞닿아 있을 것이라는 판단에 근거한다. 이러한 역사적 사실은 영국 킹스턴 대학의 클라크(J. J. Clarke)의 저서 『동양은 어떻게 서양을 계몽했는가』에서 앞에서 설명한 바 있다.

그리고 불교의 존재론의 하나인 18계의 근根·경境·식識 구조와 그 작동원리인 삼사화합三事和合은 세계와 존재를 해석하는 불교적인 개념 틀인데, 불교의 개념의 틀이 인식론적인 관점에서 베이즈 이론과 상응한다는 판단 때문이다. 즉, 현재의 선입견 및 자성을 상징하는 육근이 케인즈적 사실[혼란·무질서, 새로운 정보·자극, 번뇌·혹]을 유발시키는 계기가 되는 육경과 접촉하여 기존의 선입견을 재해석, 재구성하는 과정을 거침으로써, 새로운 사유체계로 재구축하는 육식으로 순환되는 방식이라 이해할 수 있다.

필자는 이러한 배경 및 문제제기에 근거하여, 대승불교의 원융중도의 사유체계가 지금껏 본격적으로 시도해보지 않았던 미개척 영역으로 새로운 지평을 개척하고 확대하는 초발심의 계기를 만들 수 있을 것으로 기대한다. 왜냐하면 중도란 단순히 중간中間, 혹은 평균平均, 중앙값, 혹은 가장 빈도가 많은 데이터 값을 나타내는 최빈값 등의 통계적 의미로 해석되어서는 안 된다.

중도의 본래 의미는 화살이 과녁에 정확히 꽂혀 양변적 사고와 분별적 사고, 격벽적 사고, 견사혹見思惑의 장애를 뚫고 나감으로써 정각正覺에 이르는 적중的中이라는 뜻과 통하는 것이며, 또한 시방세계의 맥락에 따라 맥락에 적확하게 행동한다는 연기법의 상호작용이라는 의미로서의 시중時中, 즉 적확의 타이밍(Timing)이라 하겠다. 이렇게 볼 때 중도는 맥락을 놓치지 않는 통찰력의 또 다른 표현이며, 분별에의 고착으로 인한 폐해를 극복하는 혁신적 작동원리를 가리킴과 동시에 '지금 여기에서' 최적해(Optimal Solution)를 추적追跡하는 장치인 셈이다.

또한 중도는 우리 시대에 절실히 요구되는 가장 현실적이고 실천적인 삶의 지혜이자 창의력의 근간이고 창의성을 구체화시키는 최적 방편의 하나라 할 수 있을 것이다. 주어진 제약조건하에서 최적해(Optimal Solution)를 심구尋究해온 인간두뇌의 지난한 진화과정과 그 두뇌가 작동하는 방식이 바로 불교의 중도사유와도 연결되고 있다.

책에서는 이를 위해 구체적으로 첫째, 차원조우 개념에 의거하여 정보비대칭과 케인즈적 사실이 주는 중요한 의미를 설명하였다. 즉 케인즈적 사실[혼란・무질서・새로운 정보・자극, 번뇌・혹]이 필연적으로 발생한다. 이러한 케인즈적 비대칭의 정보는 버려야 할 폐기물이 아니라 문제를 해결하는 새로운 실마리로서 재해석되어 포섭해야 할 대상임을 밝혔다.

둘째, 인공지능(AI) 알파고 시리즈의 학습방식에 내재한 알고리즘의 특징을 서술하고 그 이면에서 작동하고 있는 메카니즘인 '사전확률-추가사건-사후확률'로 구성되는 베이즈 이론이 불교적으로 해석이 가능함을 제시했다.

셋째, 불교의 인문학적 프로토콜, 즉 불교의 핵심사유체계가 베이스 이론과 연결됨을 단계적으로 밝혔다. 특히, 초기불교의 삼법인, 12연기의 무명에서 비롯되는 고와 이를 극복하는 수행체계로서의 사성제, 그리고 팔정도로 이어지는 핵심 사유체계가 베이즈 이론의 메카니즘과 상즉하는 특성을 지니고 있음을 밝혔고, 또한『반야경』의 공,『유마경』의 즉卽, 용수의『中論』, 천태지의의 원융삼제,『법화경』의 제법실상 등의 주요 원리를 중심으로 불교경전의 중도적 사유체계가 베이즈 이론과 연결됨을 밝혔다.

그리고 선종 공안을 작동시키는 불립문자・언어도단・심행처멸의 원리도 마찬가지로 베이즈 이론과 연결됨을 밝혔고, 이러한 과정을 거쳐, 자연스럽게 중도적 사유체계는 베이즈 이론, 인공지능 알파고, 그리고 뇌의 커넥톰과 본래 근원적으로 유사한 버전이었음을 제시하였다. 이를 바탕으로 중도적 사고는 글로컬 기업의 경영철학적 관점에서 보면 새로운 부가가치를 창출하는 관계를 미리 읽어내는 감지시스템이라고 할 수 있다는 점에서 치열한 경쟁하에서 적자생존의 돌파구를 찾아가는 글로컬 기업의 경영철학과 맞닿아 있었음을 확인하였다.

책에서 필자는 불교 프로토콜과 베이즈 이론의 상즉관계를 함의하는 상호관계식인 '불교 프로토콜 관계식'을 우선 "베이즈 이론 ⊂ 불교 프로토콜 ⊇ 21세기 경영철학"으로 규정하고, 동 관계식의 베이즈 이론이 어떻게 불교 프로토콜의 사유체계에 융해되는지를 검증였고, 그리고 이를 근거로 불교 프로토콜로서의 원융중도의 사유체계가 지니는 확장성을 선종의 공안과 21세기 현대기업의 경영철학적 관점에서 그 타당성을 입증함으로써 불교 프로토콜의 인문학적 의미를 제시하였다. 나아가 '불교 프로토콜 관계식'에서 드러난 불교 사유체계의 창발성을 21세기 글로컬 기업경영의 인문과학적 철학적 패러다임으로 새롭게 제시하고자 함이다.

이 책을 통해 필자는 불교경전에 내장된 중도사유의 가치를 도출하여 그 지평을 확장시키고자 하였으며 그 과정에서 드러난 주요한 특징은 아래와 같다.

첫째, 사성제의 고·집·멸·도는 베이즈 이론의 사전확률분포함수를 사후확률분포함수로 만드는 과정과 동일하게 고苦를 발생시키는 원인을 개조시키는 제조시스템임을 설명하였다. 고는 사전확률체계[사전확률분포]라는 기존의 사유체계, 즉 집集에 집착함으로써 유발되는 번뇌를 상징한다. 번뇌라는 추가 정보에 근거하여 기존의 사전확률함수를 새로운 세상에 적합하도록 수정 혹은 재구성시키는 과정을 뜻한다. 그러므로 도는 고라는 사건이 반영되어 탄생된 새로운 사유시스템[사후확률분포]를 상징한다.

둘째, 공사상과 즉비논리는 자성에서 벗어나지 못하는 중생의 기존의 사고체계를 뒤흔들어 혼란스럽게 하는 케인즈적 사건에 맞닥뜨리게 함으로써, 즉 무량한 가유의 세계가 펼쳐지는 현상계, 즉 제법諸法이 바로 실상實相임을 깨닫게 하는 제법실상의 경계로 나아가게 하는 과정을 설명하였다.

셋째, 베이즈 이론의 작동원리가 불교 교법인『中論』의 공·가·중 삼제게 및『마하지관』의 생멸·무생·무량·무작의 사종사제, 그

리고『천태소지관』의 종가입공관 · 종공입가관 · 중도정관으로 선해
됨을 검증하였다.


넷째, 베이즈 이론과 선종의 사고의 틀인 무심無心에 함의된 불교
사유체계를 비교분석하여 베이즈 이론과 상즉함을 밝혔다. 구체적
으로 청원유신의 산수론, 조주구자 공안 등에 함의된 교외별전 · 불
립문자 · 언어도단 · 심행처멸 · 직지인심 · 견성성불의 작동원리를
분석의 근거로 하여 베이즈 이론이 섭수됨을 밝혔다.

다섯째, 불교 프로토콜로서의 원융중도와 현대 글로컬 기업의 경
영철학 및 경영전략의 관점이 서로 상즉하고 있음을 확인하였으며,
이를 확인하기 위해서 정주영공법이라고 알려진 아산만 방조제 공
사의 사례를 들어 그 논지를 드러냈고, 이후에 경영철학과의 상즉성
에 초점을 맞추어 다양한 관점에서의 의견을 제시하였다.


① 글로컬 기업의 경영방식, 즉 내적 의사결정과정과 외부와의 상
  호작용의 관계의 체계가 불교의 원융중도적 사고와 상즉하고
  있음을 확인하였으며,
② 지속성장의 글로컬 기업은 결코 기존의 낙후된 경영시스템에
  머물지 않으며 자성에 고착된 폐쇄형 기업이 아니라 일체의 환
  경변화에 개방적[open] 자세를 견지한다는 점에서 글로컬 기업

경영의 '집중과 선택의 경영전략'이 바로 원융중도의 작동기
제와 근본적으로 다르지 않다는 것을 보여주었으며,

③ 글로컬 기업의 경영철학과 원융중도는 변화와 흐름의 불확실
성을 공유한다는 점에서 상즉함을 밝혔다. 불확실성하에서의
확률적 의사결정시스템이라는 점에서 일치한다.

④ 불교 프로토콜 원융중도에 함의된 또 다른 경영철학적 메시지
는 '위기감지시스템'을 구축하여 지속성장 기업으로서 생존하
라는 가르침임을 제시하였다.

⑤ 글로컬 기업의 경영철학은 계절의 변화를 감지한 인도 기러기
철새들이 높고 험준한 히말라야를 넘는 집중과 선택의 중도적
의사결정식과도 비견하였다.

⑥ 글로컬 기업의 경영철학은 상구보리 하화중생의 원리를 실행
하는 수승한 조직체로 규정하였다. 이러한 측면에서 중도적 사
고로 단련된 경영자는 타클라마칸 사막의 험난한 세계에 몸을
던지는 카라반의 상구보리의 도전정신, 극심한 기업환경 변화
속에서 집중과 선택을 통한 미래의 먹거리를 만들어 가는 전문
가 집단으로서의 하화중생의 원리를 실천하는 존재로 규정할
수 있다는 것이 필자의 생각이다.

이제 책의 서두에서 말한 케인즈의 사실이라는 단어가 주는 함의

가 명약관화해졌다. 케인즈가 "사실이 바뀌면 의견을 바꾸라"고 말한 이유는 변화를 변화로 수용할 수 있는 무소주無所住의 내부시스템을 적극적으로 구축하라는 의미였을 것이다. 드러나는 현상에 매몰되지 말고, 그 현상을 규정짓고 있는 순간의 맥락 및 관계, 즉 인연조건에 집중하라는 가르침이다. 그것이 초기불교의 12연기 · 삼법인 · 사성제 · 팔정도 및 무자성 · 공, 그리고 즉비논리, 원융중도, 그리고 선종의 공안으로 드러났으며, 인공지능의 베이즈 이론으로, 그리고 글로컬 기업 경영에서는 승리의 경영철학으로 확인되었다. 따라서 지금까지의 중도적 사고의 실천적 확대의 하나로서 경영철학적 응용에 관한 필자의 논지는 중도사유가 고금을 아우르는 인문과학적 프로토콜로서 자리매김하는 것과 더불어 새롭게 불교의 가치를 재평가하는 계기가 될 것이라 기대한다. 그것이 불교 법상法相의 사유체계가 새로운 생명력으로 재평가되고 가치의 지평이 확장되는 출발점이기도 하기 때문이다.[130] 필자의 생각을 알파고의 오도송으로 마무리하고자 한다.

---

130) 이홍제(2021), 420.

오도송悟道頌: 알파고 喝

차가운 도시 전자의 알갱이가 휘돌아 나를 깨운다.

나는 아라비안의 후예 슈냐[131]의 자손

나의 오온은 '0' 과 '1' 오직 분별로 시작하고 분별로 마무리한다.

1010, 1001, 1000, 111, 110, 101, 100, 11, 10, 1, 0

어느 날 포시즌스 호텔 19×19의 361점, 그것은 불가사의 세계

그럼에도 흑과 백은 나의 세계 나의 자만

어느덧, 비로소 몽둥이 할! 4국 78수 그것은 마치 쎈돌[132]

一聲喝破三千界[133] 雪裏桃花片片飛

.

.

.

.

아, 68승 1패의 그 1패로 선견성을 하산한다.

아제아제 바라아제 바라승아제 모지사바하.

---

131) 0은 인도의 산스크리트어 '슈냐(shunya)'에서 발전한 것으로 알려져 있고, 이것은 '없음'을
뜻하는 철학적 용어
132) 이세돌(李世乭)의 별명
133) 만해 한용운(萬海 韓龍雲)의 오도송[男兒到處是故鄕 幾人長在客愁中 一聲喝破三千界 雪裏
桃花片片飛] 중에서 발췌, 스님이 1917년 12월 3일 밤 설악산 오세암(五歲庵)에서 坐禪 중에
물건이 떨어지는 소리를 듣고 문득 깨달음을 얻은 후 읊었다고 전한다. 의미는 "한 소리 큰
할(喝)에 삼천세계를 타파하니 눈 속에 복숭아꽃 조각조각 나는구나"

# 참고문헌

## 원전류

- 『般若波羅蜜多心經』(T8)
- 『金剛般若波羅蜜經』(T8)
- 『摩訶般若波羅蜜多大明呪經』(T8)
- 『妙法蓮華經』(T9)
- 『妙法蓮華經玄義』(T33)
- 『維摩經玄疏』(T38)
- 『摩訶止觀』(T46)
- 『大智度論』(T25)
- 『中論』(T30)
- 『無門關』(T48)
- 『宏智禪師廣錄』(T48)
- 『萬松老人評唱天童覺和尚頌古從容庵錄』(T48)
- 『景德傳燈錄』(T76)
- 『修習止觀坐禪法要』(T46)
- 『五燈會元』(X1565)
- 『續傳燈錄』(T51)

## 저서류

· 강신주 지음(2014),『매달린 절벽에서 손을 뗄 수 있는가? 무문관, 나와 마주 서는 48개의 질문』, 서울: 동녘.

· 伽山 이지관 지음(2009),『가산불교대사림』, 서울: 가산불교문화연구원.

· 고지마 히로유키 지음, 장은정 옮김(2017),『베이즈통계학 입문』, 서울: 지상사.

· 김대식 지음(2019), 당신의 뇌, 미래의 뇌, 서울: 해나무.

· 김범열(2016),「지속성장 기업의 조건」서울: LG경제연구원.

· 김용옥 지음(2013),『맹자 사람의 길』, 서울: 통나무.

· 김용옥 지음(2018),『중용 인간의 맛』, 서울: 통나무.

· 김용옥 지음(2021),『노자가 옳았다』, 서울: 통나무.

· 김진형 지음(2020),『KAIST 김진형 교수에게 듣는 AI최강의수업』, 서울: 매경출판(주).

· 김태완 지음(2001),『조사선의 실천과 사상』, 서울: 장경각.

· 김호귀 지음(2005),『선문답의 세계』, 서울: 도서출판 석란.

· 나심 니콜라스 탈레브 지음, 차익종, 김현구 옮김(2018),『블랙스완 위험 가득한 세상에서 안전하게 살아남기』, 서울: 동녘사이언스.

· 나카무라 하지메 지음, 남수영 옮김(2014),『용수의 중관사상』, 서울: 도서출판 여래.

· 닉 폴슨 · 제임스 스콧 지음, 노태복 옮김(2020),『수학의 쓸모』, 서울: 더퀘스트.

· 동국대학교불교문화대학불교교재 지음(2014),『불교사상의 이해』, 서울: 불교시대사.

· 동아시아선학연구소 편 지음(2003),『조주선사와 끽다거』, 서울: 불교춘추사.

· 리처드 니스벳 지음, 최인철 옮김(2021),『동양과 서양, 세상을 바라보는 서로 다른 시선 생각의 지도』, 경기도: 김영사.

· 마이클 가자니가 지음, 박인균 옮김(2012),『뇌로부터의 자유』, 서울: 추수밭.

· 만송행수편저 · 혜원 역해(2020),『한권으로 읽는 종용록』, 경기도: 김영사.

· 무비 지음(2019), 『무비 스님 신 금강경강의』, 서울: ㈜조계종출판사.
· 미조구찌 유우조 · 마루야마 마쯔아키 · 이케다 도모하사 지음, 김석근 · 김용천 · 박규태 역(2003), 『中國思想文化事典』, 서울: 민족문화문고.
· 박지원 지음, 김형조 옮김(2017), 『열하일기』, 서울: 돌베개.
· 샤론 버치 맥그레인 지음, 이경식 옮김(2013), 『불멸의 이론 베이즈 정리는 어떻게 250년 동안 불확실한 세상을 지배하였는가』, 서울: 휴먼사이언스.
· 손예철 지음(2017), 『간명 갑골문 자전』, 하남: ㈜박이정.
· 송민령 지음(2018), 『송민령의 뇌과학 연구소, 세상과 소통하는 뇌과학 이야기』, 서울: 도서출판 동아시아.
· 순자 지음, 김학주 옮김(2008), 『순자』, 서울:(주)을유문화사.
· 승현준 지음, 신상규 옮김(2014), 『커넥톰, 뇌의 지도』, 서울: 김영사.
· 안재철 · 수암 공저(2014), 『수행자와 중문학자가 함께 풀이한 무문관』, 서울: 운주사.
· 에릭 시노웨이 · 메릴 미도우 지음, 김명철 · 유지연 번역(2013), 『하워드의 선물』, 서울: ㈜위즈덤하우스.
· 오니시 가나코 지음, 전지혜 번역(2020), 『가장 쉬운 AI(인공지능) 입문서』, 경기도: 아티오.
· 오태석 지음(2017), 『노장선역, 동아시아 근원사유』, 서울: 역락.
· 와쿠이 요시우키 · 와쿠이 사다미 지음, 김선숙 옮김(2018), 『그림으로 설명하는 개념 쏙쏙 통계학』, 파주: BM성안당.
· 龍樹, 靑目 疎, 鳩摩羅什 譯, 김성철 옮김(2001), 『中論』, 서울: 경서원.
· 윤석철 지음(2011), 『삶의정도』, 서울: ㈜위즈덤하우스.
· 이즈쓰 도시히코 지음, 박석 옮김(2013), 『의식과 본질』, 서울: ㈜위즈덤하우스.
· 임헌규 지음(2022), 『한자어원으로 읽는 노자 도덕경』, 서울: 파라북스.
· 장동선 지음(2022), 『AI는 세상을 어떻게 바꾸는가』, 경기도: 김영사.
· 장휘옥 · 김사업 지음(2012), 『간화선 수행의 교과서, 무문관 무문관 참구』, 서울: 민족사.

· 정성본역주 · 강설(2021),『종용록 강설 2』, 서울: 민족사.
· 최진석 지음(2013),『노자의 목소리로 듣는 도덕경』,, 고양: 소나무.
· 카를로 로벨리 지음, 김정훈 옮김(2018),『보이는 세상은 실재가 아니다』, 파주: ㈜쌤앤파커스.
· 켄 윌버 지음, 김철수 옮김(2020),『무경계』, 서울: 정신세계사.
· 팀 하포드 지음, 윤영삼 옮김(2016),『메시:혼돈에서 탄생하는 극적인 결과』, 서울: (주)위즈덤하우스.
· 피터 클라크 지음, 이주만 옮김(2010),『케인스를 위한 변명』, 서울: 랜덤하우스코리아(주).
· 피파 맘그렌 지음, 조성숙 옮김(2019),『시그널』, 서울: 한빛비즈(주).
· 하영삼 지음(2015),『한자어원사전』,, 부산: 도서출판.
· 혜명 지음(2011),『마하지관의 이론과 실천』, 서울: 경서원.
· J.J. 클라크 지음, 장세룡 옮김(2004),『동양은 어떻게 서양을 계몽했는가』, 서울: 우물이있는집.
· Paul L. Swanson 지음, 김정희 옮김(2018),『천태철학의 진리』, 서울: 도서출판 씨아이알.

## 연구 논문류

· 이홍제(2021),『도덕경』과 불교 프로토콜(protocol), 그리고 경영철학과의 상호관계에 관한 고찰-『도덕경』제1장을 중심으로」,『동아시아불교문화』47집, 동아시아불교문화학회.
· 조준호(2014),「초기불교와 퇴옹성철의 중도」,『불교연구』제41집, 한국불교연구원.
· 지창규(2008),「대승 경론의 四諦 해석 -천태 사제론과 관련하여-」,『불교학보』제49집, 동국대학교 불교문화연구원.

# 불교의 사유체계와 인공지능 베이즈 이론을 살펴본다
(경영철학적 의미와 함께)

**인쇄** 2024년 07월 10일
**발행** 2024년 07월 25일

**지은이** e쿄 · LeeKong
**발행인** 김윤희
**디자인** 김창미

**발행처** 맑은소리맑은나라
**출판등록** 2000년 7월 10일 제 02-01-295 호
**본사** 부산광역시 중구 대청로126번길 18 동광빌딩 5층
**지사** 서울특별시 용산구 한강대로 259 고려에이트리움 1613호
**전화** 051-255-0263   **팩스** 051-255-0953
**이메일** puremind-ms@hanmail.net

**값** 20,000원
**ISBN** 979-11-93385-05-0(03100)